いっしょに走ろう

Let's run together.

道下美里

芸術新聞社

いっしょに走ろう

目次

序章
引っ込み思案だった少女時代

下関にある街の本屋に生まれる

私が生まれたのは本州の最西端に位置する山口県下関市です。実家は地域の人々に親しまれた「中野書店」という本屋さん。人々が活字に飢えていた戦後間もない一九四八年に祖父が創業しました。

今ほど流通が発達していない時代のことですから、さぞかし苦労したのでしょうが、最盛期には本店の他に六つの支店を構えるほどの規模がありました。私自身はまったく意識していなかったのですが、とても恵まれた家庭で育ちました。

祖父の後を継いだ父は書店の切り盛りに奮闘する仕事人間でした。口数の少ない父でしたが、私が小さい頃、週末は決まって家族でボーリングや温泉に出かけたり、毎年恒例の家族旅行として遊園地や登山、各地の歴史街道の散策に連れて行ってくれたりしました。

しかし、私が反抗期を迎えた頃からか、どこの家庭でもあるように自然と家族より友だちと過ごす時間が増えて、父との会話が減っていきました。

久しぶりに会話らしい会話をしたのは、私が成人してからでした。当時、中野書店が倒産の憂き目にあって、しょげ返っている父を励ましたくて、私の出場するジャパンパラリンピック（現在のジャパンパラ競技大会）に招待したんです。初めて目の前で私の走っている姿をみた父が「よく頑張った」と言ってくれたんです。父が生まれて初めて私の携帯電話にくれた電話でした。

「お父さんに褒められた！」

ずっと父から褒められた記憶のなかった私は、そのことが素直にうれしかったのを覚えています。父は私のことを好きじゃないかもしれないと、どこかで思っていたんでしょう。父に認められる喜び。何気ない親子の会話でしたが、心のわだかまりが消えてゆくのを肌で感じた瞬間でした。

母もお店を手伝っていました。店番程度の軽い仕事でなく、書店を牽引する営業ウーマンとして辣腕を奮う〝やり手〟。朝早く出かけ、帰ってくるのはいつも夜遅い時間でした。営業ですからお店にいることも少なく、私はお店に顔を出してはそこで働く親戚のおばちゃんに、「お母さん、まだ帰って来んの？」と聞いて、「まだだよー」と言われながら、何度も何度も家とお店を行ったり来たり。首を長くして母の帰りを待つのが日常でした。

よそのお母さんのように寄り添って過ごす時間はそうなかったけれど、陰になり日向になり私を常に支えてくれた優しく、頼りになる母。今、マラソンで頑張れるのも母の応援、そしてスピリットを受け継いでいるからだと思っています。

また、三人兄弟の末っ子に生まれた私には、二つ上の兄と三つ上の姉がいました。二人とも優秀と近所でも評判で、両親の自慢の子でした。兄は県下有数の進学校を出て有名大学に進学しました。姉はスポーツ万能で、美人と評判。高校時代はファンクラブがあったほどに目立つ存在でした。

それに引きかえ、私は成績も容姿もごく普通です。幼い頃は人見知りが激しく、いつも母の後ろに隠れているような引っ込み思案の甘えん坊。母がいない時は、兄や姉の後ろをチョロチョロついて回って、いたずらしたりお転婆したりという典型的な末っ子でした。

「右目に星があるよ」と言われて

そんな私の目の異変に気づいたのは、小学四年生の時でした。祖父の家で親戚の集まりがあった時に、一人の叔母が私の顔をのぞき込んで、「美里ちゃん、右の瞳の中に星みたいのがあるね」と心配そうにしたのです。

私は幼い頃から弱視ぎみでした。それでも、特別見えにくいということもなかったですし、痛みもなかったので、そんなに気にしてなかったのですが、母はその指摘に過敏に反応しました。とても心配そうに私の瞳をのぞき、一度、病院で診てもらおうと言い出したのでした。

その日を境に私の運命は一転、目の病に翻弄される日々がはじまりました。

運命のいたずらってこういうことをいうんでしょうね。つくづく思うのは、この目のおかげでいろんな人と出会うことができたということです。もちろん、よい出会いばかりではありませんが、悲しい出会いさえも今は、私の人生ドラマに欠かせない〝役者たち〟との出会い、そう思えるようになりました。

はじめは近所の眼科医に行きました。そこでは検査ができないということで、大学病院に紹介状を書いてもらいました。紹介状を手に受診した病院で、角膜の表面の細胞を取ったり、いろんな機械で検査したりした結果、どうやらその「星」は増えていくものだということがわかり、カビの一種かもしれないと診断されました。その日から一時間に一回差すようにと白い液体の目薬を処方されました。悪夢の点眼のはじまりです。

とにかく、この目薬が辛かった。小学生の子どもにとって一時間にいっぺんの目薬はこの上なく面倒くさいノルマです。休み時間になると保健室に行って、白い液体の目薬を差すのですが、時間が経つと目やにみたいになって、目の中は違和感だらけです。白い目やにを友だちに見られるのも恥ずかしく、イヤでイヤで仕方なかった。それでも、目がよくなるならとお医者さんの言いつけを守って点眼を続けたのですが、むしろ悪くなる一方で、不安ばかりが募っていきました。

苦痛だらけの点眼だったにも関わらず、改善の兆しはなく、視力は下がる一方。そのうち点眼の効果を疑い、サボることもしょっちゅうでした。それがいけなかったと言われればそれまでですが、中学校二年生の頃には、視力が〇・一まで落ちてしまいました。

九七％成功といわれた角膜手術

視力は下がりましたが、生活に支障があるほどではなく楽観的に考えていました。しかしその後、効果的な治療法が見つからない私に提案されたのは角膜移植手術でした。

「手術……」

それまで、私も家族も薬で治ると信じていただけに、手術には抵抗がありました。それでも、角膜移植をすれば見えるようになるという説明に心が揺らぎました。角膜移植の詳細をつづったパンフレットを手渡されると、そこには成功率九七パーセントと書かれています。

「手術をすれば見えるようになる」

母はその言葉を信じ、娘が苦労しないよう成人するまでには見えるようにしてあげたいとの一心で、私に手術を強く勧めました。私もその言葉を信じて手術に踏み切ったのでした。

手術が終わって味わったのは、それまで経験したこともない高熱と激しい頭痛です。

何度もトイレに駆け込み嗚咽《おえつ》を繰り返しました。手術したのだから痛いのは当たり前。母が痛みをごまかそうと口に運んでくれる氷が、とても冷たくて一瞬痛みを忘れそうになるけれど、再び襲ってくる頭痛に目からは血の混じった涙があふれ出ていました。

解熱鎮痛剤が処方され、「明日、先生に診てもらおうね」という看護婦さんの言葉に、「明日までって長いよー。お母さんあと何時間?」と何度口にしたかわかりません。

頬を伝わる涙を母にぬぐってもらいながら、知らない間に寝てしまいました。深夜、痛みで何度も目が覚めては、ほどけた母の手を探して握っていました。そのぬくもりに救われながら長い夜が明けていきました。

「もう一回手術しましょう」

「えっ、もう一回手術……」

戸惑いが消えないままの二回目の手術で痛みは引きましたが、退院後に視力が戻ることはありませんでした。しかも、定期診断で眼科を受診すると、右目の眼圧が高いからすぐに入院してくださいと言われ、また入院することになりました。水晶体が破裂しそうなぐらい眼圧が上がってしまう突発性緑内障だと告げられて、ついには水晶体を取ることになってしまいました。

胸のつぶれるような思いで臨んだ手術でしたが、これで終わりではありませんでした。今度は角膜がにごりかけているからもう一度、移植手術が必要だと言うのです。私の胸は張り裂けそうでした。

そばに寄り添ってくれていた母もきっと同じ思いだったに違いありません。

「私の目を元に戻してください！」

そう心の中で叫んでいました。しかし、ここまできたら後戻りできず、一縷《いちる》の望みにかけました。三ヶ月半の入院を強いられ、手術は四回にわたり行われました。その後も名医がいると聞けば、新たな治療法を求めて九州や四国の病院にも母といっしょに訪ねました。角膜移植も再び試みましたが、私たちの思いは天に通じることなく、私の右目は完全に光を失ってしまいました。

「あなたは選ばれた人だよ」

中学生にとっての夏休みといえば、プールに通って真っ黒に日焼けして、浴衣を着て花火をしてと、まさに青春真っ盛りのはず。ところが中学二年生の私は、病院のベッドで過ごす日々。憂鬱《ゆううつ》な病棟の夏でした。

もともと社交的ではなかったのですが、大部屋に入れられたのがよかったのでしょう。女性ばかり八人の大部屋で、おしゃべりに花が咲かないはずがありません。もっとも中学生は私だけ。というより、そこは高校生も大学生もいない〝おばちゃんの園〟だったのですが、尽きないおしゃべりはとてもおかしくて、一時的ではあっても憂鬱な気分を忘れさせてくれました。眼科なのでみなさん体は元気そのものです。それに眼科ゆえに病室にはテレビがないため、自然とおしゃべりに花が咲くんです。おばちゃんたちの会話にもまれて、ずいぶん私も聞き上手になりました。

それに好奇心旺盛な私は、退屈しのぎに新しい楽しみも見つけ出しました。にぎやかでそれなりに居心地のいい病室でしたが、自動販売機に飲み物を買いに行ったついでに病院を歩き回ると、これがけっこう面白かったんです。おばちゃんたちのお昼寝の時間は、狭い病室を飛び出して病院中を探検していました。時には入っていいのかなという部屋に忍び込んだりして、何か出てくるんじゃないかという、小さな冒険を楽しんでいました。

病院というと子どもは数少ないですから、うろちょろしているとそのうちいろんな人から声をかけられるようになりました。ある日、大きな車いすにどーんと座った四〇代ぐらいの優しそうなおじちゃんが私に話しかけてきました。

「お嬢ちゃん、どこの科に入院しちょるんかね?」

「まだ若そうやね、いくつ?」

そんなたわいもない会話がおじちゃんと出会ったきっかけでした。その日から、なぜか自動販売機コーナーの近くで毎日、顔を合わせるようになりました。おじちゃんは顔を合わせるたびに話しかけてくれて、楽しそうに身の上話をしてくれました。

昔はやんちゃ坊主だったこと。脱サラして小さな居酒屋をはじめた頃のこと。そのお店は常連客に愛されるお店だったこと。仕事が終わって奥様が作ってくれる手料理を食べる時間がなにより幸せだったこと。そんなある日、交通事故で大けがを負って体にボルトが何本も埋め込まれていること。そして今度、十回目、十二時間かかる手術をするということなど、中学生の私にもわかるよう丁寧に説明してくれました。

その車いすは尋常じゃないくらい大きく、子どもながら不思議に思い、それがなぜかと聞くと、手術が失敗して骨盤まわりがボルトで肥大しているから、特注の車いすを病院が作ってくれたんだと話してくれました。

「手術が失敗……」

でもおじちゃんは、そのことで誰かを恨むわけでもなく、それを自分の運命だと語っていました。

「なんて強いおじちゃんなんだろう！」

私はすっかり尊敬してしまいました。それからおじちゃんの手術が行われる日まで、自動販売機コーナーに通ってはいろんな話を聞いたものでした。何より感銘を受けたのは、おじちゃんの前向きな姿勢です。

「神様は乗り越えられる人にしか試練を与えない。自分は選ばれた人。お嬢ちゃんも選ばれた人なんだよ」

そう私にエールを送ってくれました。

そういう考え方もあるんだと思う一方、当時の私はその言葉に少し反発を覚えました。だって、もしそうだとしたら、選ばれたくなかった。

「どうして私を選んだの？」

おじちゃんは一生、車いす生活で今のお店に戻ることはできなくなったと言っていました。これから先のことを考えると不安でいっぱいでしょうに、私がおじちゃんの立場でそんなことが言えるでしょうか。

「おじちゃんのように誰も恨まずに強く生きれたらいいな。私も将来、そんなふうに考えられるようになれたらいいな」

そんなことを考えさせられた時間でした。

一期一会という言葉がありますが、手術の日を境におじちゃんとは顔を合わせることもなくなりました。今にして思えば、私が自分の運命を受け入れるきっかけをくれたおじちゃん。前向きに生きることの大切さを教えてくれたおじちゃん。今も元気にされていますか？

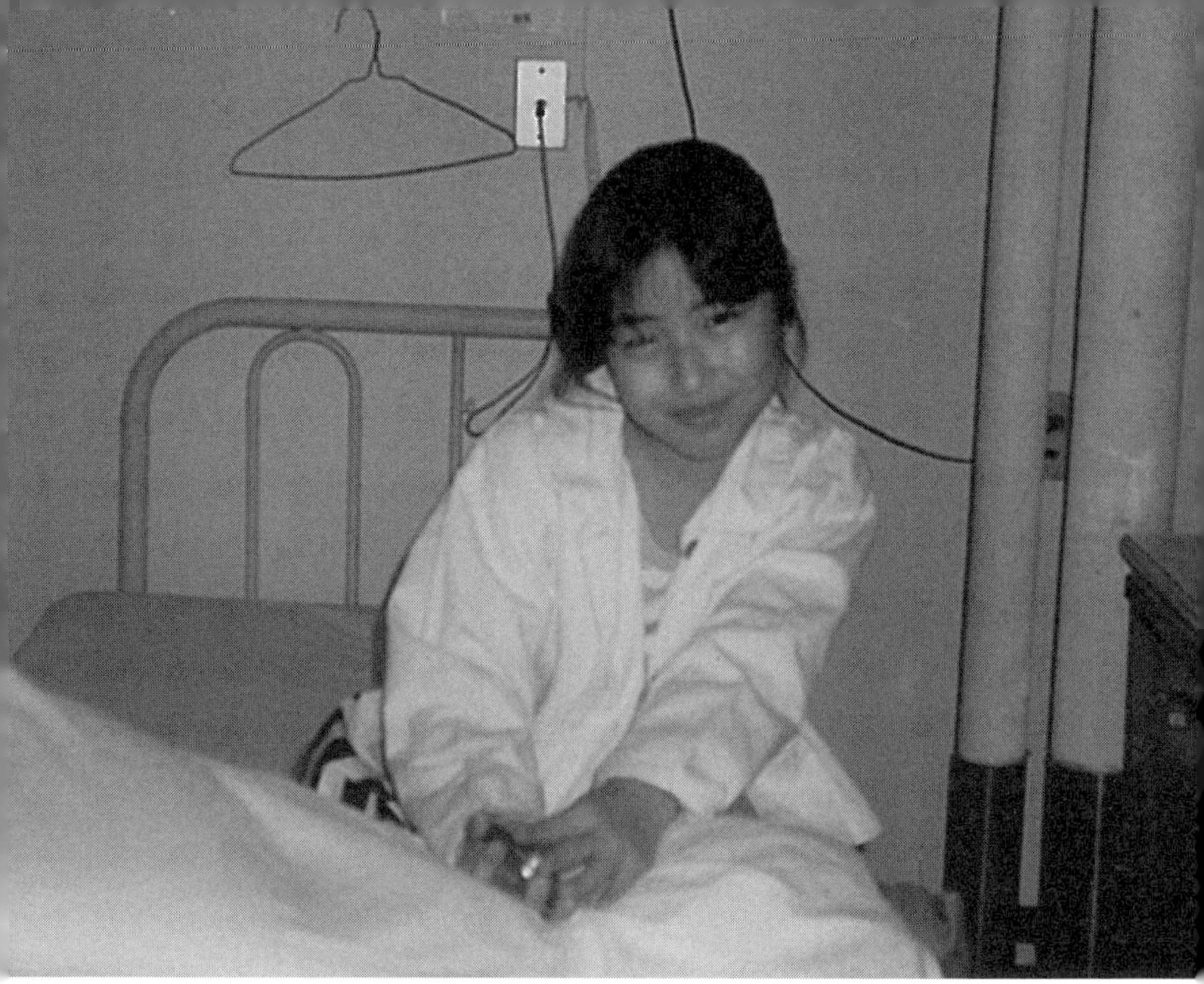

第1章 失うことだらけの日々

中学二年で右目の視力を失う

今の人生、目が悪くならなかったら考えられなかった。目が悪くなったからこそ切り開かれた道がある。そういった意味ではおじちゃんの言っていた「神様」が、この人生を歩むように必然的に選ばれた人生なんだと思います。

しかし、こんなふうに思えるようになったのは大人になってからのこと。どうして私だけ、という思いにずっと悩まされてきました。お姉ちゃんやお兄ちゃんは、勉強もできて運動神経もいいのに、私だけどちらもできなくって、それでいて目が見えにくくなっていって、神様、あんまりじゃないって嘆いていた時期がありました。今思えば、当時は人との比較ばかりしていたように思います。

中学二年生の時に手術をして以来、日常生活にも制約が加わりました。まず取り上げられたのはプールです。細菌感染の危険性があるというのがその理由でした。

また、眼圧が上がる可能性があるからと、激しいスポーツはすべて禁止ということになりました。急な動きもダメ。重いものを持ったり、グッと力を入れてもダメ。そのため、所属していた陸上部にも行けなくなり、体育の授業も見学が増え、運動する機会がどんどん減っていきました。

運動するのが得意な子どもではなかったので、ラッキーだと思っていた時期もありますが、思春期の女子から運動を取り上げたらどうなるでしょう。そう、どんどんぽっちゃり体型になっていきました。さらに、薬の副作用で食欲が抑えられなったことも手伝っていたはずです。

「おなかすいた。今日はピザが食べたい」

中学三年生の時の入院では、受験勉強をするために、病院のカウセリング室を使わせてもらっていました。仕事が終わって見舞いに来てくれる母に、毎日そんな調子でリクエストをしていました。病院の食事を完食した後、消灯時間を過ぎて食べるピザやちゃんぽん。内臓の病気による入院なら食欲もないでしょうし、食事制限もあるんでしょうが、私の場合は目ですから、食事は自由です。

母も私の大食が副作用によるものだとは気づかず、「食の細かった美里がよく食べるようになった」と喜んで夜食を運んできてくれました。

夜十時に母が届けてくれる夜食を食べて寝る。今、こうして当時を振り返ると、やはり、食べることしか楽しみなかったんでしょうね。数ヶ月で十キロ近くも成長したのですから（苦笑）。

目の状態を隠して過ごす

高校に入ってからは、運動制限が少しずつ解除され、体育の授業を見学することも少なくなりました。

それでも、左目しか見えない影響がときどき顔をのぞかせます。例えば、バレボールの授業。下からのサーブはうまくできて、実技のテストでもほぼ満点でした。ところが、簡単なレシーブができなくなっていました。遠近感がつかめない状態で、飛んできたボールをレシーブしようとしても、タイミングが合わず、腕の思ったところに当たらないんです。少しずつみんなと違うということを感じはじめた頃でした。

そして、高校三年生の時は、再び角膜移植手術で長期間の欠席を強いられることにもなりました。

ただ、暗い高校生活だったかと言われたら、けっしてそんなことはありませんでした。お昼休みや学校帰りには友だちとおしゃべりを楽しみましたし、部活の先輩にはかわいがってもらい、オールナイトで映画を観に行ったり、バイクの後ろに乗せてもらったりと、やんちゃもしていました。また、私は本気でアイドルを目指していましたから（笑）、カラオケにもよく通いました。浅香唯さんの「C-Girl」を歌って、採点が九十九点なんて出て、調子に乗っていたこともありました。人並みに恋愛もしましたし、なんでも話せる親友もできました。これって、ごく普通の高校生活ですよね。

短大に入った頃には、自立心が芽生える一方で、右目の状態がさらに悪化し、将来的に見えるようになるという期待も薄れていきました。

「これからどうなってしまうんだろう」

そんな不安の中、この頃になると、周囲の人たちに目の状態を悟られないようにしている自分がいました。

「実はちょっと目が悪くてね」

何気なくそんなことを言った時に、ものすごく気を遣われたことがあったんです。言うまでもなく、それはそれでとてもありがたいことなのですが、毎日そんなに気を遣っていたら、そのうち、なんだか面倒だなって思われてしまうかもしれない。今まで仲のよかった友だちが離れていくかもしれない。みんなでカラオケに行こうっていう時も、誘われなくなってしまう。そんな心配が先に立って、いっしょにいても足手まといにならないように気をつけようと自分に言い聞かせ、毎日を過ごしていました。

もっとも、まだ左目は見えていたので、アルバイトもしていましたし、ほとんど不自由なく大学生活を楽しんでいました。

その頃、文字通りのとても痛い目にあいました。実は当時、見えなくなった右目の角膜の濁りがひどくなって、白い部分が目立ってきていたのです。

人から「目の色が違う」と言われたり、通りすがりの人から目を凝視されたりすることも増えてきました。その目の色をどうにかごまかしたくて、そこでお医者さんに勧められたのがカラーコンタクトレンズです。これを装着すれば、目の濁りを隠せますから、喜んで飛びついたのですが、ある時、それが目の中でずれてしまったんです。いくら左目は見えていたとはいえ、そんなに視力があるわけではなかったので、ずれたレンズがどこにあるかよくわからず一人で直せないんです。痛い痛いと大粒の涙を流す私といっしょになって、姉が必死に私の目の奥に隠れているレンズを救出してくれました。そんなアクシデントを経験して、残念ながら黒いコンタクトレンズはお蔵入りになりました。

小さなレストランの開業を夢見て

右目はダメだけど左目がある。それは私の希望でした。その希望さえ奪われたのは、短大を卒業してレストランに勤めていた時のことです。

その頃の私の夢は、レストラン経営でした。自分のお店を持って、将来いっしょになる人と小さなレストランを経営したいな、なんて思っていました。

親が共働きの我が家では外食が多く、たまに母のいないキッチンに姉と立ち、ちょっとした料理やお菓子を作ったりしていました。それを家族や友だちなんかに振る舞うととても喜んでくれました。料理を作ったら人が喜んでくれるというのが単純にうれしかったんです。そのうち母のまねをして、いっしょにギョーザやオムレツなんかを作ったりもしました。

将来は調理師になって、たくさんの人が笑顔になるようなレストランを経営したい。

入院したときに出会った、あの車椅子のおじちゃんが調理師だったのも影響したのかもしれません。ものすごく素敵だったので、その憧れが私の夢につながった、そんな気もします。

いずれにしろ、当時の私は、大好きな料理で将来を設計しようという夢を抱いて進路を決めました。専門学校という選択肢もあったのですが、社会に出て現場で仕込んでもらうのが一番と考えました。

この時は、相談した父もいろいろと動いてくれました。下関駅前のシーモルという商業施設に、結婚式や宴会でよく使われるレストランがあるんですが、父は「そこに知り合いがいるから話をしてみようか」と言ってくれて、トントン拍子でアルバイトとして採用してもらえることになったのです。

「この皿をチェックしたのは誰だ！」

面接で私の希望を話したところ、和食を担当したいというわがままも聞いていただけました。しかも二年間働けば、調理師免許の試験を受けられるとのこと。私にしたら願ったり叶ったりです。もっとも実際の仕事は、食材を切ったり、盛り付けたり、お鍋を洗ったりと雑用ばかり。それでも、いろいろな料理を知ることができ、調理師免許にチャレンジする機会もあるということで希望いっぱいに働いていたのです。

なにしろ、自分が初めてやりたいと思ったことで、自分で選択してはじめたことなので、毎日のようにシフトに入れてもらい、がむしゃらに働きました。特に、クリスマスやお正月前は忙しく、連日のように深夜まで働いたこともありました。

料理長はプロ意識が高く妥協を許さない人でしたが、一方で、敷居の高いレストランに勉強になるからと連れて行ってくれたり、優しい面もありました。厳しく指導していただき落ち込んだこともありましたが、私の希望を知ってのことで、それはそれでありがたい経験でした。

私は一四四センチと身長が小さいのですが、時には大きな鍋に体を突っ込んで洗ったりすることもありました。でも重たい鍋もへっちゃらなんです。実家の手伝いで、重たい本のぎっしり入った段ボールを小さいころから運んでいましたから。

ところが、無事に調理師免許をとって、これからさらに経験を積んでいこうという時に、悲劇が起きました。左目に右目と同じような症状が現れはじめたのです。右目が見えないだけなら、遠近感がないだけで、それに慣れれば生活に支障はありませんし、調理もできます。実際、周りも必要以上に病人扱いしていませんでした。

症状が出はじめの頃は、仲のよい先輩に打ち明け、細かい作業が少ない盛り付けなどの担当にしてもらっていました。しかし、みるみるうちに視力は低下し、ついに隠し通せなくなるところまで症状が悪化したのでした。

ある日、それが決定的になった事件が起きました。

「おい、この皿チェックしたのは誰だ！」

料理長が盛り付けのチェックをしながら突然、声を荒立てたのです。お皿の上には、一本の髪の毛が入っていました。私はドキッとして心臓が止まりそうになりました。すぐに私のせいだと気づいたからです。動揺しながら、名乗り出ようと思った瞬間、先輩が料理長に話しかけてくれて、その場は免れました。

しかし、この出来事は私に重大な決断を迫るものとなりました。

「これ以上、職場に迷惑はかけられない……」

苦渋の決断でしたが、なにか事件を起こしてからでは遅い、今が退くときかもしれないと、料理長にお店を辞めたいと伝えたのでした。

ナイフのような言葉

レストランを辞めてからは、実家の書店で働かせてもらいました。実は、調理師の仕事をしていた時も、夜はアルバイトとしてお店のレジに入らせてもらっていました。もしも将来、目の見える手術ができるとなった時、お金がなくてできないというのは悔やんでも悔やみきれない。そのために貯金はしておきたいと思って、働ける時は時間を惜しんで働いていました。

それに学生時代から、お店が忙しい時や、教科書販売のシーズンは親の手伝いでお店に入っていたこともあったので、接客は慣れていました。

しかし、書店での仕事も日に日に、できることが少なくなっていきました。

まず、レジの数字が見えにくくなりました。暗算は得意だったので、はじめは頭で計算していましたが、十円玉と百円玉の見わけがつかず、おつりを間違えてしまうことが出てきました。今となれば、周囲のギザギザなどの手触りや大きさが違うので区別ははっきりつきますが、当時はまだ一生懸命に目で捉えようとしていたので間違えることがあったのです。

また、注文票の枠の中に文字が書けなくなりました。さらに、お客さんから本の場所を尋ねられても、文庫本などの文字の小さな本のタイトルや著者名が見えなくなっていましたから、本も探せなくなりました。

「他の店員さんを呼んできてもらえるかしら」

お客さんから、そう言われる機会もだんだん増えていきました。

そんなある日、親子連れがレジに並びました。その小さな女の子は、お母さんの後ろに隠れる形で、わたしの目をじーっと見つめていました。そして、こんなことを言いはじめたのです。

「お姉ちゃんの目、こわーい。」

その言葉を聞いた瞬間、私は胸にナイフを突きつけられて、えぐられたような気持ちになりました。それまで二十五年間生きてきて、人から「怖い」と言われたのは初めてのことでした。

「私の目って怖いんだ……」

そう思うと涙があふれ出てきました。居たたまれず、トイレに駆け込んで涙が枯れるまで泣いてしまいました。

「もうここにも居場所がなくなった」

進行性の病気だから、いずれ左目も右目と同じように見えなくなるかもしれない。この先、私はどうなるんだろうという思いにつぶされそうになっていきました。

「目が見えなくなったのはお母さんのせいよ！」

左目が発症してすぐに病院に行くと、左目にも星のようなものが出ていると告げられました。ただ、右目の時とは違って、すぐにお医者さんに診てもらったので、左目は白い部分を取ればまた見えるようになるかもしれないということでした。この言葉には救われる思いで、すぐに手術をしましたが、残念ながら見えるようにはなりませんでした。

術後、左目の角膜が傷ついて、まるですりガラスを通して世の中を見るような状態になり、視力が落ちただけでなく、乱視もひどくなりました。その後、もう一度、同じ手術をしましたが、結局、術前より視力が上がることはありませんでした。

「どうしていつも私だけ……」

あらがえない運命と頭では理解できても、やっぱり納得できません。当時は、目のことを相談できる友だちもいませんでした。こんなことを話しても理解してもらえないだろうし、誰も私の気持ちなんてわかりやしない、そう勝手に思い込んでいました。

そして、目のことをいつも言い訳にして、仕事も辞め、家に閉じこもるようになったのです。

何もできない自分へのいら立ちを、悶々と抱えた毎日。そんなある日、母にとんでもない言葉を口にしてしまいました。

「見えなくなったのは、手術を勧めたお母さんのせいよ！」

母に小言を言われた時、つい出てしまった言葉でした。

「お母さんのせいじゃない」と頭では思っていても、「もし手術をしていなければ」という思いが心の奥底にあったのでしょう。

いや、誰かのせいにして気持ちを静めたかった。それが、素直な心情かもしれません。それを聞いた母はとても悲しそうな顔をしていました。

成人するまでに見えるようになればという親心で手術を勧めてくれた母。ひどい言葉をぶつけても何も解決しないのに、次の瞬間には後悔するだけなのに。それでも、当時の私は当たり散らしていました。今思えば、父にも母にも本当に申し訳ないことをしてしまいました。

隠し通すことの限界

普段、利用している駅やバスターミナル、あるいはいつも立ち寄るスーパーであれば、慣れていますから難なく利用できます。ところが初めての場所に一人で出かけるのが難しくなっていきました。

特に怖いのが、階段や段差。手すりがあればいいのですが、ないところは大変です。そこだけ友だちにエスコートしてもらえば、あとはへっちゃらでショッピングを楽しめたりするのですが、そこまで見えないということを知られたくない。そんな気持ちが先に立ち、友だちにもあからさまに協力を求められないジレンマに苦しめられたものでした。

それでもここは危ないというところでは、内緒話をするようにして、体を密着させたり、じゃれたふりで肩に手をかけたりして、その場をしのいだこともありました。

そんなことを繰り返していると、なんか変だなと勘ぐられやしないかと警戒して、バスの時刻表を暗記して、その場で見ているような顔をして、「何分に来るね。料金はいくらだね」などと言ってごまかしたこともありました。

今思えば、見え見えの作戦。中には、それで気づかぬふりをしてくれていた友人もいたのかもしれません。しかし、そうやって見えないことを隠そうとする生活にも限界がきました。だんだんといろんな場面でボロが出るようになっていきました。

「大変だと思ったことはないけどね」

左目まで発症して、未来に希望がまったく描けない。何をしていいかもわからない。こんな私は社会に必要とされていないんじゃないか。そう毎日のように悩んでいました。

「私に生きている意味なんてあるのかな……」

その時期は、町を歩いていると宗教の勧誘にあうこともよくありました。「あなたの先祖に悪事を働いた人がいます、いっしょに祈りましょう」って。さぞかし絶望的な表情で歩いていたんでしょうね。

それでも、苦しい胸のうちを家族にも友だちにも話せず、毎日のように自問自答していました。

「私の生きる意味、価値、役割ってなんなんだろう」

そんな私を失意のどん底から救ってくれたのは母でした。母とその友人が立ち話をしているのが偶然聞こえてきたんです。

「娘さん、目が不自由で大変なことも多いでしょう」

私の心を暗くする同情のにじんだ言葉に、母は優しくこう答えたのです。

「全然、大変だと思ったことはないけどね」

その一言は、私の心にずしんと響きました。

思えば中学校の頃、仕事が終わってから毎日、一時間かけて病院まで足を運んでくれていた母。大変じゃなかったはずがありません。毎日、毎日、毎日。そんな時でも私は、「お母さん、まだ来んの?」と甘えてばかりでした。

また、私の目がどうにか見えるようにならないかと、ブルーベリーや漢方薬など、とにかく目によいと噂されているものを、片っ端から集めてきて勧めてくれていました。レストランの仕事を辞めて家に閉じこもっていた時も、忙しい中、毎日欠かさず食事の準備をしてくれていた母。それなのに、母は私のことを大変だと思ったことがないなんて……。

「私は今まで何してたんだろう！」

母のそんな言葉を聞いて思いました。

「何か一つでもいい、母のために、母が喜んでくれることをしたい」

しかし、その頃の私には、目の不自由な自分に何ができるのか、まったく見当がつきませんでした。

時を同じくして、原因不明で苦しめられてきた目の病気の正体が、遺伝子を調べることで判明しました。「膠様滴状角膜《こうようてきじょうかくまく》ジストロフィ」という一〇代に角膜上皮直下にアミロイド沈着が生じて、視力が低下するという常染色体劣性《じょうせんしょくたいれっせい》遺伝疾患だったのです。

「手術を強く勧めた母のせいではなかった」

遺伝性であれば、逃れることはできなかった病。そう思うと、今まで目の前にかかっていた濃い霧が晴れていくような気持ちになりました。

そんなある日、母が盲学校のことを教えてくれました。

「盲学校？　目の見えない人が通う学校を、母はなぜまだ見える私に勧めるんだろう」

恥ずかしながら、当時の私は盲学校のことも、目の不自由な人がどういう生活をしているのか、どんな仕事をして生計を立てているのかも、まったく知らなかったのです。

心のどこかで「盲学校」という言葉への偏見もありました。「亡」くなる「目」と書く「盲」という字にどうしても暗いイメージしか抱けなかったんです。しかし母は、半ば強引に盲学校へ見学に行こうと勧めてくれました。

「せっかく母が声をかけてくれたのだから」

そんな思いもあり、盲学校へ見学に行くことにしました。

正直なところ、盲学校に大きな期待をしていたわけではありませんでした。しかしその見学で、これまでの先入観が引っ繰り返されるような衝撃を受け、その後の人生が大きく舵を切ろうとしていることを、当時の私は知るよしもなかったのです。

第2章
前向きな仲間が集う場所へ

盲学校の衝撃

盲学校に先入観をもっていたのにはわけがあります。

左目の手術をした後、両目をふさがれたことがありました。それが恐怖の数日間だったのです。

病室のベッドから降りてスリッパを履こうにも、スリッパを蹴ってしまいうまく履けませんでした。歩くときも両手を前に突き出して、壁づたいに恐る恐る歩くのですが、見えている時より廊下がとてつもなく長く感じました。

食事も味気なく、箸さえもうまく使えず、ご飯茶碗だと思い軽く持ちあげた器から味噌汁がこぼれたこともありました。電話をかけようとしたときも、メモ帳にマジックで大きく書いてある電話番号さえ読めず、一人で電話をかけることさえできない自分がいました。

そんな数日間の全盲生活が「見えなくなる未来」に対する不安を助長させたのだと思います。だから、街で白杖《はくじょう》を持つ人を見かけると、大変な思いを強いられているんだろうなという先入観が先に立ちました。その人たちと話したこともないくせに、勝手にイメージを膨らませて、盲学校は重々しい雰囲気に包まれていると思い込んでいました。そのせいか、視力が完全になくなってから通う学校だから、私が行くところではないと勝手に避けていたのです。

ところが、母といっしょに初めて山口県立盲学校（現在の山口県立下関南総合支援学校）へ行った時、校舎から大きな笑い声が聞こえてきたんです。その声の明るさに驚きました。

「ここって本当に盲学校？」

戸惑いを覚えるほどイメージと違う雰囲気でした。さらに面接を受けた先生にも驚かされました。その先生は、部屋に入るなり向かいの席につくと、私たちと話している間、点字ですばやくメモを取っていました。そして面接が終わり部屋を出てからは、階段を颯爽《さっそう》と駆け上がっていきました。ものすごいスピードで点字を打っていた姿を見て、私は不思議に思ったのです。帰りの車の中で母に尋ねました。

「点字でメモを取っていたけど、目が不自由な先生なの？」

「今、面接をしてくださった先生はまったく見えてないみたいだったよ」

衝撃でした。目が見えていないのに白杖も持たずに健常者と同じように歩き、階段を駆け上がる。メモを取っていたのもさることながら、その先生の堂々とした佇まいが、私の抱いていた全盲の人のイメージとあまりにかけ離れていて、かっこいいとさえ思えたのです。

当時の私は、目の見えない人が階段を駆け上がるなんて想像できませんでした。目の不自由な人が、白杖もつかず普通に歩けるはずがないと頑なに思っていました。『五体不満足』の著者である乙武洋匡さんのように、障がいがあっても堂々と生きている人がいることは知っていました。しかし、それは本やテレビの中に出てくる特別な人だから。もともと人並み外れた頭の持ち主で、大変な努力家だからこそ〝五体不満足〟でも前向きに生きていけるんだと思っていました。

私みたいに勉強も、体育も、図画工作も、何もかも普通の人が、ハンディキャップを背負わされたらどうすればいいの？　そんなふうにしか考えられなかった私にとって、盲学校の雰囲気も、目の前にいる面接官の堂々とした振る舞いも、衝撃以外の何ものでもありませんでした。

その面接官の正体は、理療科《りりょうか》の福田勉先生。ここに通えば、いつか福田先生のようにかっこよく生きられるようになるかも。そんな希望が芽生えた面接でした。

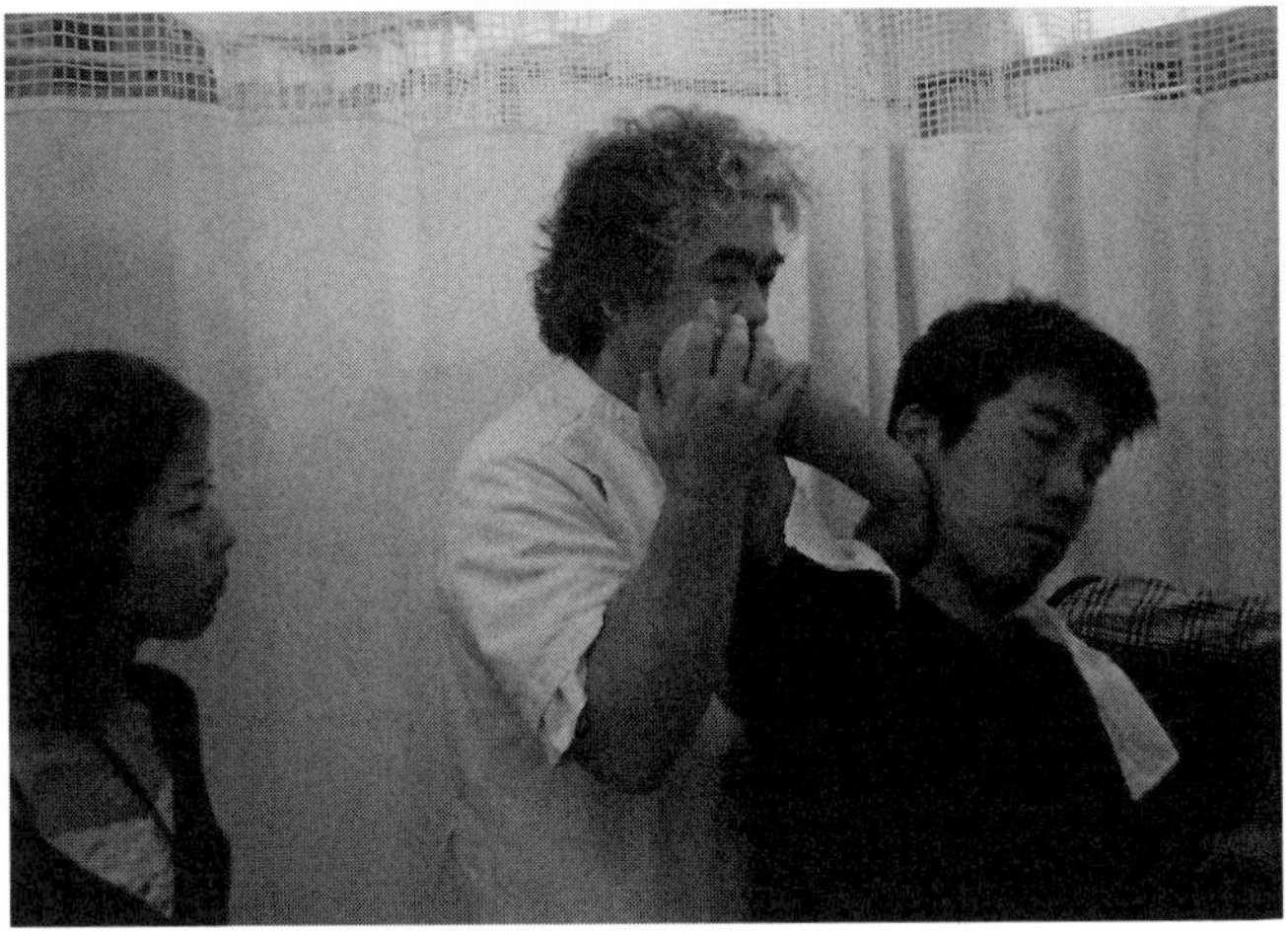

盲学校の面接で忘れられないエピソードがもう一つあります。

私が専攻した理療科では、自立支援のためにマッサージ師や鍼灸師《しんきゅうし》などの資格取得を目指します。そこで生理学や解剖学といった人体の構造はもちろん、臨床医学や東洋医学についても本格的に学びます。それなのに私は、健康に関する知識はこれから生きていく上で役立つだろうから、一通り身に付けておいても損はない、という程度に考えて面接に臨んでいました。すると、福田先生はこうおっしゃったんです。

「想像しているよりも難しいよ」

「手に職つけて自立するための学校だ

から、それなりに大変だよ」

「資格を取得するのは、並大抵じゃないからね」

福田先生は私の甘さを見抜いているかのように冷ややかに警告されました。

「それぐらい頑張る覚悟はあります！」

そう強気に答えた私。一瞬、たじろいだものの、メラメラと闘争心が湧いていました。冷静に振り返ってみると、福田先生は乗せるのがうまかったんですね。すっかり私のやる気スイッチが押されてしまいましたから。

前向きすぎるクラスメイトたち

盲学校で過ごした三年間は、私の人生を切り開いてくれたかけがえのないものでした。ここで出会ったクラスメイトたちは、目が見えないというハンディキャップがあるにも関わらず「超」がつくほど前向き。そんなクラスメイトたちと生活をともにすることで、私もどんどんものごとを前向きに考えられるようになっていきました。

クラスメイトは三人。二〇代男性の藤山くんは好奇心旺盛で明るいキャラクター。クラスのムードメーカー的な存在でした。藤山くんは、私からすれば「超人」です。幼少期に全盲になり、小さい頃から盲学校に通っているという話でしたが、その藤山くん、まったく見えていないはずなのに、振る舞いがまるで見えているかのよう。階段をスキップして降りてくることもあります。

「えっ、なんでそんなことできるの?」

いっしょに歩いていると、突然、「向こうから、三人歩いて来ますね」とかボソっと言うんです。私には何も見えないんですが、しばらくすると本当に三人がやってきます。見えないはずなのに、どうしてわかったんだろうって。まさに藤山マジック! その種明かしを迫ると、足音でわかるんだとあっさり教えてくれました。

私がシャンプーを変えた時にも「シャンプー変えたでしょ」なんて当てられたり、貸したカセットテープを返してもらう時には、たくさんあるカセットテープの中から一本をひょいと出して渡してくれました。「どうしてわかったの!」と尋ねたら、私の匂いがついているからなんて言うんです。

「すごい! この人何者? エスパー?」

視覚以外の五感をフル活用する藤山くんには、いっしょにいて驚かされることばかりでした。

四〇代男性の藤本さんは図書館に勤務していたという秀才タイプ。網膜色素変性症《もうまくしきそへんせいしょう》で視野狭窄《きょうさく》と夜盲《やもう》がひどく、夜は外出を控えている人でした。かつては東京大学を目指していたというだけに、本をたくさん読んでいて博識。私の知らない言葉もたくさん知っていて、私にとっては困った時や悩んだ時に頼りになるよきアドバイザーでした。

盲学校での経穴《けいけつ》（ツボ）の勉強では、人体のツボを全部覚えないといけません。「湧泉《ゆうせん》」「百会《ひゃくえ》」「合谷《ごうこく》」など、ツボは全部で三百六十一穴もあるんです。難しい漢字も出てくるし、それを全部書きなさいなんていうテストもありました。暗記が苦手な私にとっては気の遠くなるような話。そんなとき藤本さんが、「テープに吹き込んでみたら？」とアドバイスしてくれたのです。藤本さんの言うことだからと、それを実行して、お経みたいに繰り返し聞いていたら、なんと全部覚えられてしまったんです。テストでは百点満点！　できる人っていろんな学習法を編み出せるんだなとつくづく感心させられました。

藤本さんといえばこんなこともありました。後ほど触れますが、私が大けがをしてしまい走れなかった時期。このまま陸上を続けていけるかどうか悩んでいる私に、「順調な時よりも、苦しい時にどう生きるかで人間の真価は決まるもの」という言葉をかけてくれたんです。とても励みになる言葉でした。

私にはない発想からいろいろな局面で、「こうしたら？　こう考えてみたら？」と助言をくれた藤本さんのおかげで、なにごとも別の視点で考えてみると自ずと道が切り開けることを知りました。

五〇代男性の三谷さんは建築関係の仕事をしていた親分肌。いや、むしろ温かいお父さん的な存在でしょうか。三谷さんは料理が得意で、かつて調理師を目指していた私と意気投合しました。話が盛り上がり、他の料理好きの仲間にも声をかけて、料理クラブまで立ち上げてしまいました。

おいしい料理を食べると会話が弾みます。いろんな料理にチャレンジするというより、みんなで集まってわいわい盛り上がるのが本当に楽しかった。文化祭では、パウンドケーキを作って販売したりもしました。三谷さんは、普段はしゃしゃり出ないけど、こういう時はしっかり準備して、手際よく指示を出してくれる、本当に頼もしいリーダーでした。

この料理クラブの立ち上げを皮切りに、学校行事にも積極的に参加するようになりました。なんといっても人数が少ないので、どの行事も全員参加。学校生活の楽しい思い出になっています。

「盲学校に来たからあなたはもう大丈夫」

盲学校の仲間で忘れてならない人がもう一人。クラスは別でしたが、とても仲がよかった韓国人の李さん。五〇代の女性ですから姉のように感じることもありましたが、親友という言葉のふさわしい同級生です。李さんは交通事故で視力を失ったそうですが、他のクラスメイトと同じく、めちゃくちゃポジティブで活動的な人でした。

そんな李さんと初めて会ったのは、盲学校の入学試験の日。試験が終わり、バス停に向かう時に偶然いっしょになったんです。短い時間のちょっとした言葉のやりとりが、一生の友だちとの出会いのきっかけでした。

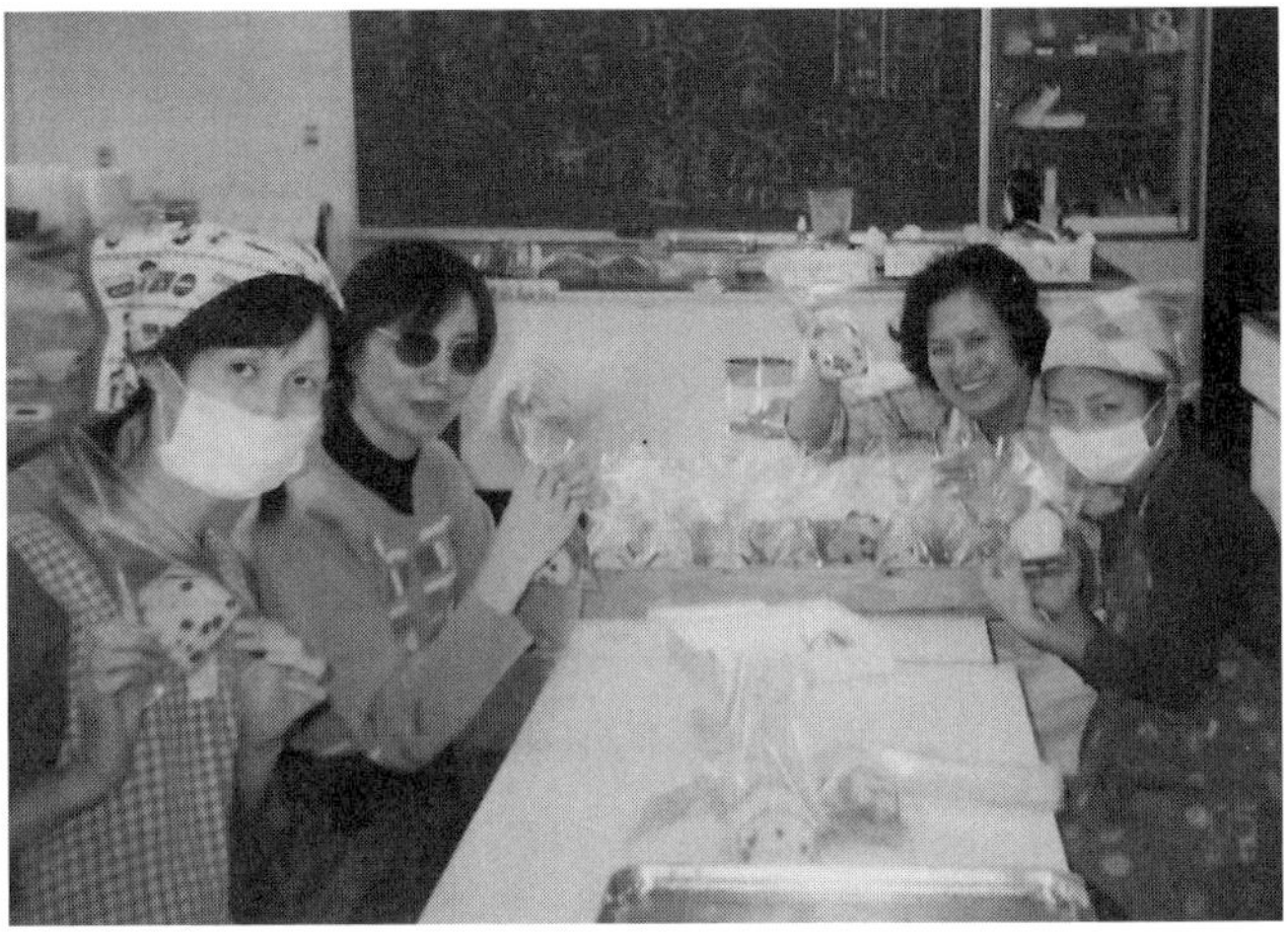

「盲学校に来たから、あなたはもう大丈夫だね」

李さんの思いがけない言葉に、即座に返答できずにいると、李さんは言葉をこう続けました。

「学校に来るということは前向きな人、前向きになれた人。あなたもそのうちの一人になれたのだから、もう大丈夫だね」

盲学校の入り口に立ったとはいうものの、その頃の私はまだ、「なぜ私だけこんなひどい運命に翻弄されなければならないの？」と自分の運命を嘆いてばかり。

李さんは、そんなマイナス思考の私に向かって、前向きになれたと言葉を投げかけてくれました。

その言葉ですぐさま前向きになれたとは言いませんが、前向きになる道筋を開いてくれる一言でした。李さんとは今でいう〝女子会〟のような仲。学校のみんなで李さんの家にお泊りに行っては、「こんなこと大変だよね」、「そうそう、あるある」なんて、同じ境遇で同じ挫折を味わってきた仲間同士の話題が、何時間話しても尽きませんでした。

ボウリングをしてみたい！

目が見えないというと、何かと不自由だからあまり出歩かないだろうとか、レジャーなんか縁遠いだろうとか思う人もいるかもしれませんが、見える人とまったく変わりません。性格や行動力は千差万別。私の周りには、想像力があれこれ膨らむからか、好奇心旺盛な仲間がたくさんいました。

ある時、クラスのみんなで雑談していると、藤山くんがボウリングをしてみたいと言い出して盛り上がりました。またいつもの好奇心です（笑）。それじゃあ、みんなで行こうということになりました。

冷静に考えると、ずいぶん無謀な試みでしたね。だって、見えないんですから（笑）。ボウリング場に着くとすぐに一騒動。レーンの前に立つまでに段差もたくさんありますし、第一、ボールに指を入れて持ったものの、投げ方をどう伝えればいいのかわかりません。見えていれば、上手な人の仕草をまねることができますが、そうはいかないのですから大変です。

「どのタイミングで指を離せばいいの？　どっちの方向に投げればいいの？」

そんな基本以前のことから教えていかなければならないのです。

ボールは身体の前に抱えて持つとか、まっすぐ投げると言われても、どう抱えるのか、どっちがまっすぐなのか見当がつかない。言葉で指示されても、とんでもない方向に投げてしまうわけです。私はまだぼんやり見えるので、なんとなく方向がわかりますが、まったく見えない藤山くんには、手取り足取りみんなでコーチング。もちろん、教える側も本来、人に教えるほどの腕前ではないですから、的確に教えられるわけではありません。

「ああでもなければ、こうでもない」といちいちアドバイスをされて、藤山くんも大変だったでしょうが、帰り道に興奮してはしゃいでいましたから、みんなと同じように楽しかったんだと思います。

私にとってはよい思い出であり、視覚障がい者に何かの動作を教える時に、どう伝えればいいのかを実践的に学ぶ機会にもなりました。それに私も、いずれまったく見えなくなる可能性があるわけですから、チャレンジ精神旺盛な藤山くんを見習って、常に好奇心は持っておかないといけないと教えられました

実際のところは、ボウリングに行って心から楽しめたかどうかは難しいところですが、それでもみんなでなんとか盛り上がる方法を追求する。そんなふうにお互いが歩み寄り、藤山くんのように見えないからこその楽しみを見い出せたら、何も怖いものはありません。

盲学校に入るまで、私は絶望の淵に立っていました。どうしても目が悪いことを受け入れられなくて、卑屈になっていたと思います。視覚障がい者や盲学校に対しても、未来の自分から目を背けたい一心で、詳しく知りもしないくせに知ったふりをしていました。

それが盲学校に入って、チャレンジ精神旺盛なたくさんの仲間と出会って、自分が思っていたことは偏見だったり、勝手な思い込みだったことに気づかされたのです。盲学校はたくさんの出会いとチャンスときっかけを与えてくれる場所。人が本来持っている魅力や特性を引き伸ばしてくれる場所でした。

盲学校時代のさまざまなチャレンジ

盲学校に在学中、好奇心旺盛な仲間に触発されて、いろんなことに挑戦してきました。スキューバダイビングも思い出深いチャレンジの一つに数えられるでしょう。誘ってくれたのは、実家の本屋さんでアルバイトをしていた学生の子でした。正直、よく見えないのに楽しいのかなと不安もあったのですが、その子はいっしょに行こう！　と強引に誘ってくれました。見えなくてもサポートがあるから大丈夫だというのです。

やってみないことにはわからないままだし、何ごとも経験が大事。そう考えて、思い切って潜ってみることにしたのです。ダイビングスポットは山口県の日本海側の海。

インストラクターさんにリードしてもらって海の中に入っていきました。驚いたのは、海の中が真っ暗だということです。水面に映る空の光を背に、真っ暗な海底へ向かって潜るのです。聞こえているのは自分の呼吸音のみ。まるで、何もない空間にいるような不思議な心地よさに包まれました。

しばらく、その感覚を味わいながら水中散歩を楽しんでいると、インストラクターさんが手に何かを乗せてくれました。なんだろうと思いながら、それが落ちないように、手を前に差し出したままの姿勢でいると、「ちょんちょん」と私の手を何かが突っつくんです。そう、私の手のひらに乗せられたは魚のエサだったのです。小さな魚たちが入れ替わり立ち替わりに、私の手のひらのエサをついばむ姿を想像しただけで、なんともかわいらしく幸せな気持ちになりました。


二年生の時に参加したカナダでのサマーキャンプも忘れることのできない体験です。サマーキャンプという響きにビビッと来て、「行きたい！」と直感で思いました。ツアー費用は五十万円ほど。大金ではありましたが、それでも気持ちは変わらず、アルバイトでコツコツ貯めていた貯金から捻出して、九日間の旅に出かけました。参加者は、日本各地から集まった一〇代の若者たちが中心でした。視覚障がいのある十五人くらいの団体。当然、一人ひとりにサポーターがつくわけではありません。移動の時は、電車ごっこのように、前の人の肩を持って進みます。大人の私には少し抵抗のある行進ですが、若い子たちとワイワイする楽しさのほうが勝っていました。

こうした移動方法もそうですが、カナダで過ごした日々は、驚きと新しい発見に満ちていました。まず、若い参加者たちが、一様に明るくて柔軟性のある発想をすることに刺激を受けました。

目がまったく見えないのにカメラを持ってきている女の子もいました。目の前の風景が見えていないのにシャッターをパシャパシャ写真を撮っているのです。撮った写真を自分で見ることはできません。自分では見られなくても、確かにそこに行ったという記録を残しておきたい。そんな思いもあるでしょう。でも不思議に思った私は彼女に聞きました。すると彼女は、旅先の景色を家族に見せてあげたいと言います。写真があれば旅行の思い出話に花が咲きますし、家族の目を通して見る風景に思いを馳せるのも楽しいのでしょう。

生まれつき目が不自由にも関わらず、すごくおしゃれな女の子もいました。「今、これが流行っているんだよ」と私に教えてくれるんです。「かわいい、きれい、キラキラ」なんて言葉が大好きな彼女。目が不自由といっても年頃の女の子ですから、おしゃれに興味があって当然。そこは、目が見える人とまったく変わらないのです。

「私たち、全然かわいそうじゃないのにね」

中学生の女の子の何気ない一言に思わずみんな同調しました。彼女は白杖をついて歩いているとたまに「かわいそうに」という言葉を耳にするそうです。見えないことへの同情なのかもしれません。しかし見えないだけで、彼女はまったく不幸ではないのです。

「同情の言葉より、手を差し伸べてほしい」

彼女は続けました。街でかけられる何気ない言葉への反発と、彼女の切実な思いが私の胸に突き刺さりました。哀れみの言葉からは何も生まれない。私も街で困っている人を見かけたら、見ているだけではなく自ら声をかけ、手を差し伸べられるようになりたいと思いました。

キャンプ場のロッジの周りでは、食事をしたり、ゲームをしたり、山歩きをしたり、丸太で作られたブランコに乗ったり、木の枝につけたマシュマロを暖炉で焼いたり、たくさんのことを体験しました。

みんな目が見えないのですから、自然の中に身を置いていると危険なこともあります。それでも自由奔放にやりたいことをやらせてくれる。そんな体験は久しぶりのことでした。

自由な雰囲気にのまれて勇気が湧いたのでしょう。私は全盲の子と二人だけで、ボートで湖に漕ぎ出そうということになりました。私の家族がそばにいたらハラハラしたことでしょう。そんな冒険なのですが、サポーターの方は止めないばかりか、沖に出た私たちに声をかけることも、余計な手を貸すこともありませんでした。

「もし、助けがほしかったら言ってねー」

そんな調子で見守っているだけなんです。そんな放任主義が私たちには新鮮でうれしくて、救命胴衣を装着し、二人で大きな湖への大冒険に出発しました。

はじめはいくらオールを漕いでも岸から離れません。オールの角度が悪くて水をしっかりとらえていないんです。

「オールが重たく感じる角度がしっかり水をかいているってことだよね。頑張ろう」

相手にエールを送ります。

「おっ、動きはじめた」

二人で調子に乗って「じゃあ次は右漕いでみよう。次は左ね」なんて一生懸命に漕いでいたら、「あれ？　岸はどっちだっけ？」なんてことに。

「えっ、中野さん岸見えないんですか？」

「う、うん。見えないけど、大丈夫。岸に誰かいるはず！　すっ、すみませーん、助けてくださーい！」

大声を上げると、「こっちこっちー、もっと右、右」なんて声がかかります。それを頼りに無事に生還。岸に上がった時は達成感で本当に晴れやかなものでした。

カナダでの数日間、自由なカルチャーや価値観に触れることで、目が不自由だからと躊躇《ちゅうちょ》してしまう気持ちが変わっていくのを感じました。

スキューバダイビング、キャンプツアーに並ぶ挑戦がもう一つあります。それは「NHKのど自慢」への出場です。小さい頃、アイドルを夢見たこともあるくらいですから歌うことは大好きでした。知人からの「参加してみない？」という誘いに二つ返事でステージに上がったのですが、思いのほか緊張してしまって、てんで駄目。

「な、な、なかの、み、みさとです。ば、ば、番号は」なんて調子で、華原朋美さんの「I'm proud」という曲のイントロが流れてきてからもガチガチ。それでも何とか歌い出して、「さぁ やっと声が出てきた」というときに「はい、ありがとうございました—」と終了の合図。

「えーこれからなのに！」とも思いましたが、緊張から解放されてホッとひと安心。NHKのど自慢というのは予選落ちでもチラッとテレビに映るんですね。地元のローカル局で深夜に映って「お、出た出たー」なんて、友だちと大爆笑。

歌はちょっと失敗してしまいましたが、そんなことも含めて挑戦することって大事。今でもそう思っています。

盲学校入学前の私は、目が不自由だからということを理由に、何ごともはじめる前からあきらめていました。でも、目が不自由なんてただの言い訳だったんです。やろうと思えば何でもできてしまうものです。

私の出身地山口県の偉人、行動哲学を説いた吉田松陰の教えにも「悩むよりも、失敗を恐れるよりも、まず一歩踏み出してみよう」というものがあります。私も勇気をもって一歩踏み出した先に、想像もつかなかった世界が広がっていることに気づけました。

走るきっかけはダイエット

目が悪くなると、日常の動作もゆっくりになってしまったり、どうしても運動不足におちいりがちです。それに学校の給食がおいし過ぎたからでしょうか。周りを見てもぽっちゃり体型が多く、私も今と比べたら別人じゃないかと思うほど、顔や太ももがパンパン。

「このままいったら絶対マズい！」

そんな時、盲学校の体育の授業で、目が不自由でも走れるということを教わりました。

「えっ、走れるの？」

まさに青天の霹靂。盲学校のグラウンドは、芝生と土でラインのコントラストがくっきりしていて、視覚障がい者が走りやすいようになっていました。さらに、走る方向を音で指示してくれたり、危険がないように声で導きいっしょに走ってくれる先生もいたりと、目が見えなくても安全に走れる工夫がされているのです。

「走るのなんて何年ぶりだろう」

中学では陸上部に所属していましたが、目が不自由になってからは遠ざかり、もう二度と走ることはないだろうとあきらめていました。

久しぶりに風を切って走った時の爽快感は今でも忘れられません。幸いなことに、まだグラウンドのラインのシルエットがぼんやり見えるので、一人でも走れることがわかりました。

以来、ダイエット目的で放課後にランニングをはじめたんです。二〇〇メートルのグラウンドを毎日一〇周、二キロ走って帰ることを日課にしました。その頃は、二キロでも息があがっていました（笑）。もともと生徒数が少ないので、放課後のグラウンドはいつも貸し切り状態。自分専用のグラウンドみたいで、危険を心配することなく、思いっきり走るという開放感は他で味わいがたいものです。すっかり放課後が楽しみになっていました。

李さんに負けて火がつく

「北九州の盲学校で陸上大会があるから出てみない？」

一年生の冬、先生にそう声をかけられました。ダイエット目的ではじめた気軽なランニングです。特に考えることもなく、関門海峡を渡って九州へ小旅行！ ぐらいの気持ちで学校の仲間と参加することにしました。大会後においしいものを食べられるかもしれませんし（笑）。私は八〇〇メートル走にエントリー。それでも出場するからにはそれなりに走れるようにと練習を重ねました。

ところが、大会当日は風邪をこじらせてしまって絶不調。私ってよくあるんです、ここぞという時に事件を起こすことが。

風邪の原因ははっきりしていました。大会前に、友だちから「巫女《みこ》さんのアルバイトをやってみない？」と誘われたんです。ちょうど節分の時期。どこの神社も大忙しで人手が足りなかったのでしょう。それこそ猫の手も借りたいという時で、私に声がかかったのです。私も私で巫女さんなんて若いうちじゃないとできないから、記念にやっておこうと思ったわけです（笑）。

しかし、巫女さん姿で神殿にずっといるのは思いのほか寒く、風邪を引いてしまっただけでなく、その日の深夜に中耳炎を発症してしまったんです。熱が三八・五度もあるボロボロのコンディションで、それでも会場に行くには行ったのですが、とても走れる状態ではありませんでした。先生には、「目も悪いのに、耳まで悪くなってどうする！」なんて叱られました。

私に比べて、いっしょにエントリーしていた李さんはその日、絶好調でした。なんと私のベストタイムより、一分も速いタイムでゴールしたのです。私はその時まだ二〇代、李さんは五〇代です。そんな李さんが、私より一分も速いタイムを記録するなんて！

もともと負けず嫌いの私の心に火がつきました。それからというもの走ることで李さんに負けてなるものかと、放課後のランニングに気合いが入りました。

まさかの弁論大会出場

盲学校での新たな体験は陸上だけではありませんでした。

二年生になり、私たちのクラスは、生徒会活動にも携わることになりました。あがり症だった私は、目立たないように裏方に徹していました。そんな私がなぜか弁論大会に出場することになったのです。けっして作文が得意だったわけではないですし、私が人前に立って何かを発表するなんて考えたこともありませんでした。

弁論大会に先立ち、作文を提出しなければならなかったのですが、これが選考の決め手。クラスメイトたちは、選ばれたくないから手を抜いたようなのです。私は選ばれっこないと頭から信じていましたから、課題の作文に大真面目に取り組み、「自分と向き合って」というテーマで書きました。そうしたら、なんと私が「中国四国地区弁論大会」に出場することになってしまったのです。クラスメイトたちにしてやられたという心境でした。

「人前に立つだけで足が震えるんですから、無理です！」

そう先生に訴えると、「生徒会のみんなはこれから先にある学校行事でいずれ順番で人前に立つことになるんだから」と言うばかり。

「もう、どうしよう！　弁論大会なんて……」

不安な気持ちでいっぱいでしたが、よく考えてみると、学校行事で知っている人たちの前で恥をかくより、知らない人たちの前で恥をかくほうが、その場かぎりで済みます。そう自分を納得させ、出場を承諾したのでした。

この時は国語科の玉木千恵先生が、私の気持ちを察して、ホームルーム前の練習に付き合ってくださいました。弁論大会では七分のスピーチを行います。ステージに上がるところからお辞儀の仕方、話の構成や声の抑揚、身振り手振りの方法まで、毎日徹底的に指導していただきました。

「今のところ、感情がこもっていてすごくいい！」

とても褒め上手の先生で、自然とモチベーションが上がり、自主的にも練習に取り組みました。

「美里が弁論大会なんて、信じられない！」

そんな友だちにも協力してもらい、砂浜で海に向かってスピーチ練習をしたこともありました。犬の散歩をしているおじちゃんから、怪訝《けげん》そうな顔で見つめられたり、「美

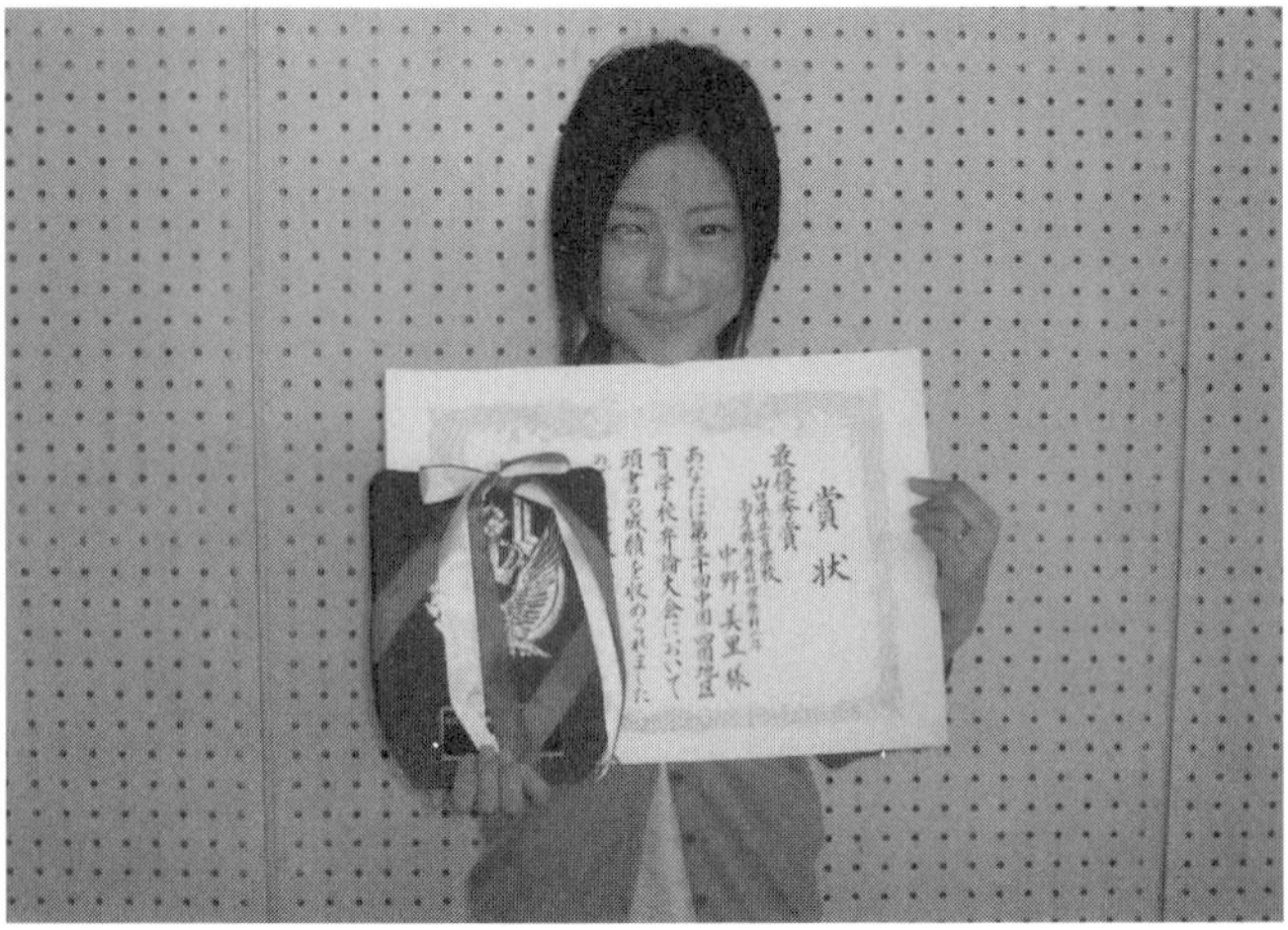
賞状
最優秀賞

第73回 全国盲学校弁論大会
全国大会
毎日新聞

里、波の音で声が聞こえんよー」「もっと大きな声で堂々と！」と友だちも先生のように叱咤激励してくれました。

こうして玉木先生や友だちの前で大汗、大恥をかきながらのトレーニングが功を奏したのか、地区の弁論大会でまさかの最優秀賞という結果。次は全国大会に出場することになったのです。

「全国一位を目指して頑張ります！」

地区の弁論大会で優勝すると、そこから運命のいたずらがはじまりました。ちょうどその一ヶ月前の五月、山口県障害者スポーツ大会（キラリンピック）に六〇メートル走と八〇〇メートル走で出場して、生まれて初めての金メダルをいただいたんです。その大会で李さんに勝つこともできましたが、実は全国大会の予選を兼ねた大会でもありました。そんなことも知らずに出場していたんです（笑）。それもそのはず、先生が勝手にエントリーしていたのですから、私は言われるがままに会場に行き、走っただけだったのです。大会後、先生から呼び出され、「秋にある全国大会も出るやろ。中野さんなら勉強とスポーツの両立はできる」と断る隙も与えず、背中を押してくれました。

私も走るのは嫌いじゃないから、「はい、行きます」と安請け合い。簡単に返事をしてしまったんですが、よくよく考えてみたら全国大会です。そんな大それた大会に、こんなに軽い気持ちで臨んでいいのかしらとすぐさま反省して、練習に打ち込みました。

私に起こったもう一つの重大ニュースは、テレビ局の取材が重なったことです。まずは弁論大会をテーマに、テレビ山口の方が取材をしてくださることになりました。さらに弁論大会で優勝した時の新聞記事を見たNHK山口放送局のディレクターさんが、私を取材したいと学校に来られたのです。

「私を取材したいなんて、何も話すことないのに……」

そう思いつつもお断りするほどの勇気もない。緊張したままに取材を受けていると、「（テレビ山口で放映する）弁論大会以外に何か挑戦していることはないですか？」と質問されたのです。何かないだろうかと悩んでいて思い出しました。

「陸上競技で、今度、全国大会に出ますけど」

すると、ディレクターさんが身を乗り出して、ぜひ陸上をテーマに取り上げたいと言いはじめたのです。あとはお任せするしかありません。練習風景なども取材に来てくださり、夕方のニュースの特集で私を取り上げてくださることになったのです。テレビに出るんだと思ったら、それが気持ちの後押しになって、練習にも再び気合いが入りました。自分でいうのもなんですが、すごく単純なんです（笑）。

ＮＨＫも注目している全国大会。放課後の練習だけでは足りないかもしれない。もっと練習メニューを増やそうとはじめたのが、登下校のウォーキングと筋力トレーニングです。バスで二〇分の道のりを歩くだけでも体力作りになりましたし、自宅でのちょっとした空き時間に筋トレや縄跳びができるように器具を揃えるなど、今までやったことのない練習法をあれこれ取り入れました。

ＮＨＫのテレビ番組には、なんと生放送で出演することにもなりました。テレビ局のスタジオなんて行ったことがないので、本番前からガチガチです。何を話したかもほとんど覚えていません。

インタビューの最後に「今回の大会の抱負を聞かせてください」と質問されて、またまたパニック。番組の流れでだいたいの質問は想像できるはずなのに頭が混乱して、うまく言葉が出てきません。しかも生放送！

頭の中を巡ったのは、こういう時、他の人たちはどんなことを言うんだろう、ということ。なんか、かっこいいことを言わないといけないんじゃないかしら。

「全国一位を目指して頑張ります！」

パッと思いついたことを勢いで言ってしまいました。言ったからには頑張らないといけない。テレビの取材を受けたことが、よい意味でのプレッシャーになりました。

「中野さんは真珠のよう」

弁論大会の後にとてもうれしいことがありました、スピーチの指導をしてくださった玉木先生からお手紙をいただいたのです。白い紙に文字を書いても見えない私を気遣って、私が直接読めるようにと黒い紙に白いペンで書かれた手紙でした。一部抜粋して紹介します。

美里さん

未知の人々を前にして、本来の自分を出し切って発表することは大変な勇気を必要とします。弁論の全国大会でそれをやり通した美里さんの強さに感動しています。……演技ではない素のままの美里さんの心に触れたと実感した人も多かったのではないでしょうか。

人はそれぞれが宝石のようだと、私は思います。大変な圧力と熱で鍛えられるダイヤモンドやルビーのような人もあるでしょう。どんなに恵まれているように見えても過酷さにも苦しさにも無縁な人生なんてありえません。焼かれ圧迫され鍛えられて、初めて人として輝くのだと思います。

美里さんは真珠。真珠は稚貝のときに身の内に入り込んだ異物を自分の粘膜で長い時をかけて覆い、美しい珠に仕上げます。

美里さんの「異物」は、視覚障害だったかもしれません。さまざまな環境の変化や新しい異物や傷を受けながら、それらさえも全て抱き込み覆い尽くし、大きく深い輝きを放つ宝石に成長する真珠。さまざまな種類の宝石は、それ独自の輝きをもっています。どれもが価値高い輝き。若い美里さんはピンクパールでしょうか。これから年を重ねられるにつれ、さらに美しい深い深い輝きを身につけられることでしょう。

練習を通して美しさをましていかれる美里さんを見せてもらうことは、喜びでした。美里さんと一緒に弁論の練習ができたことを、私は誇りに思います。ありがとう。

玉木

貝の中に入った異物が時間をかけて真珠になるということを引き合いに、視覚障がいという異物を取り入れた私が、深い輝きを放つ真珠のようだと見立ててくださる内容でした。手紙で丁寧に思いをつづり、私の頑張りを心から褒めてくださったことに感激して、涙が止まりませんでした。

「真珠のようになりたい！」

素直にそう思いました。家業に追われていた両親と接する時間は少なかったですから、それまで褒めてもらった記憶がほとんどありませんでした。そんな私が盲学校に入学すると、途端に褒めてもらえることが多くなりました。こんなに褒めてもらえるなら、もっと頑張ろう。そんなふうに思うのは自然の成り行きなのかもしれません。

「素直だから結果が出せた」

山口県障害者スポーツ大会で金メダルをとった時、陸上を指導してくださっていた体育の平山先生が、私のことを「彼女は素直だから、結果が出せたんだよね」とみんなの前で褒めていたと李さんを通じて聞いたことがあります。

テレビで日本一を目指すと宣言してしまったのですから、私も後に引けませんでした。「やるしかない！」と覚悟を決めて、先生の言う通りに練習や食事をしたら金メダルという結果がついてきたんです。つくづく、先生の言う通り、素直に取り組んでよかったと思いました。

全国大会の県への報告会でも、選手団代表としてスピーチするように指名されました。弁論大会とはまた違った緊張感でしたが、この時は弁論大会の時のように躊躇することなく引き受けました。今、私は講演に呼んでいただくことがありますが、それも弁論大会に出ていなければありえなかったことでしょう。

弁論大会も障害者スポーツ大会も、最初は先生たちにうまく乗せられて出ることになったようなものですが、そこから生まれた新しいチャンスはどんどん広がっていきました。あがり症でとても人前で話せなかった私が、テレビで「日本一を目指します！」なんて言ってしまうのですから、盲学校の、人を前向きに変える力はすごいものがあります。

はじめての伴走者

目が不自由で一人で走れない人が走る時には、直径五〇センチ以内の伴走用ロープを握り合って、走路を声で指示してくださる伴走者（ガイドランナー）がつきます。私が初めて伴走者と走ったのは、全国障害者スポーツ大会です。それまでは、かすかであってもコースのラインが見えていましたから、伴走していただくことに抵抗を感じていたんです。大会はもちろん、練習で伴走していただくことも当時は嫌っていました。

「いっしょに走ろうか？」

そう言われて走ったこともあるのですが、「やっぱり一人のほうがいいや、腕も自由に振れるし」と心の中では思っていました。

人が親切でやってくれることをそんなふうに思うのは間違っている。そう頭ではわかっていました。でも、どうしてもプライドが邪魔してしまうんです。

「放っておいてよ、私一人で走れるんだから！」

負けず嫌いの性格が、人の手を借りることを許さなかったんです。

その頃、つまり、全国障害者スポーツ大会へ向けて練習している時期には、障害者スポーツ協会の方が練習のサポートに入ってくれていました。私の練習態度や、普段の人との接し方を見て感じたのでしょう。ある日、サポートの女性の方に呼ばれこう言われました。

「中野さん、無理してない？　一人で何でもかんでもやろうとしてる。もっと力を抜いていいのよ。『ありがとう』って素直に言って、できないことがあったらなんでも手を借りたらいいのに。頑張りすぎないでね」

当時、私は盲学校二年生。調理師の夢に破れて何をしたらいいのかわからなかったところで、盲学校とその仲間たちに出会ってやっと前向きになれて、自立を目指して頑張っていた時期です。

「どうして頑張っちゃいけないなんて言うの？　そんなに私は危なっかしく見える？　手を借りなくても私はまだ一人で走れるのに、そんなこと言わないで……」

　そんなことを思いながら、気づくと涙がにじんでいました。

「あなたは、伴走者をつけたほうがいい」

「もうやめて！　私はひとりで走れるんだから！」

　涙がボロボロこぼれて止まりませんでした。薄々は感じていました。直線なら音を頼りに走れるんですが、八〇〇メートル走になると光の加減でカーブのラインを見失ってしまうことがあったんです。

「私はもう一人では走れないのかもしれない……」

　風を切るのが楽しくて、来る日も来る日も走り込むほどのめり込んだ陸上の道。やっと打ち込めるものが見つかったのに、それさえも私は人の手を借りなければ満足にできない。その事実を認めたくありませんでした。

　でも、受け入れなければいけない、それもわかっていました。だから、涙が止まらなかったんです。

　結局、私は伴走者をつけて走ることになります。その時、伴走してくれたのは登《と》城文晴《じょうふみはる》さんという一八〇センチ近くある長身の方。大学時代には二〇〇メートル走で国体に出場した経験もあります。短距離走の選手だったのですが、私のためにと中距離走のトレーニングをしてくださいました。そんな登城さんの伴走は驚くべきものでした。まるで一人で走っているかのようで、私は感心しきり。

後に登城さんは、障がい者スポーツ指導員資格を取得して、「山口障害者陸上競技クラブSｔｅｐ」という団体も立ち上げて、私を含めた競技者が競技をしやすい環境を整えることにご尽力くださることになります。その登城さんと走った全国障害者スポーツ大会。登城さんは、自分のことのように両手を挙げて結果を喜んでくれました。

「伴走してくれてありがとうございます！」

これまでの私は「ありがとう」という言葉を、本当に思っていない時には言えるけど、本当に思っている時には言えない言葉だと思っていました。しかし、ゴールの後に自然と感謝の気持ちが口を突いて出てきました。伴走者をつけることに葛藤があったのは事実です。でも、その伴走者に心の底から感謝の気持ちが沸き起こってきたことも、また事実なんです。

「次は世界を目指して頑張ります！」

日本一を目指すと宣言して出場した全国障害者スポーツ大会では、二種目エントリーできるというので、六〇メートル走と八〇〇メートル走に出場することにしました。もっと長い距離のほうが得意だったのですが、その大会では八〇〇メートル走が一番長い距離だったので、まぁこれでいいかというくらいの気持ちでした。にもかかわらず、それぞれで金メダルをもらってしまいました。

しかも両方とも大会新記録で優勝したのですから、自分でも何が何だか信じられませんでした。全国大会で大会新記録ということは、つまり、日本一になったということです。その時は、自分でもすごいって思っちゃいました(笑)。

弁論大会を取材してくださっていたテレビ山口の方が、こちらの大会にも取材に来てくださっていて、走った後のインタビューでまた質問されたんです。

「次の目標は何ですか？」

「次は世界を目指して頑張ります！」

そこでまた大風呂敷を広げました。だって、そうですよね。この大会で日本一になっ

たということは、次の目標を聞かれたら「世界を目指す」と言うしかないじゃないですか。どこまでも素直な私なのです（笑）。

思い出すと何とも赤面ものなんですが、これには後で知った裏話があります。まず、全国障害者スポーツ大会は、まだ開催の歴史が浅く、大会新記録が出やすかったということ。さらに、全国障害者スポーツ大会というのは、いわゆる障がい者の社会参加を促すのが目的であって、記録を競う大会ではないということだったのです。そこでの記録を喜んでいたのですから、おめでたいというしかありません（笑）。

第3章
障がいを受け入れるまで

練習会での一番の不安

陸上の大会に出はじめてしばらくすると、さらなるレベルアップのために練習会にも参加するようになりました。しかし、当時の私にとって、この現地集合の待ち合わせが苦痛だったんです。

「維新百年記念公園で十時から練習会をします」

そう言われて、健常者であれば電車やバスの時刻表を調べて、駅からの道のりの地図さえあれば、待ち合わせ場所まで簡単に行けるでしょう。ところが視覚障がい者の場合、いつも歩き慣れている駅までは行けたとしても、普段、乗らない路線のホームや駅構内に段差があるかもしれません。段差を踏み外さずに乗り換えのホームにたどり着けたとしても、次の乗り換え駅で何番ホームに降りたのか、そこから向かうホームはどこなのか、困惑します。

同じように乗り換える人がいれば聞くこともできますが、誰も人がいなかったらどうしようという不安。駅からバス停までの道のりは？　バスにはうまく乗れるかな？　バス停でもし違う行き先のバスに乗ってしまったらどうしよう。アナウンスが聞き取りづらかったら怖いな。バス停から待ち合わせ場所まで一人で行けないかも……。

あれこれ考えてしまい、結局「急用ができて行けなくなりました」なんて、約束を断ることもありました。不安が先に立って、その日のことを考えるだけで疲れてしまうほど。

今なら事前に、「介助をお願いできますか」と連絡さえすれば、目的の駅やバス停まで駅員さんにお手伝いしていただけます。はじめて出かける場所への不安が少ないですし、「何時頃にバス停に到着するので迎えに来てもらえませんか」と仲間にお願いすればいいだけの話です。とはいえ、「毎回お願いするのも申し訳ないな。私が行かなければみんな時間を気にせず済むのに」とも思ってしまいがちです。

見える時には想像もつかなかったことに悩み、一歩踏み出せない自分がいました。一人で行く自信がないなんて子どもみたいですよね。まぶしい日は、余計に見えづらいから出かけたくなくなったりしていました。

大会の時もそんな調子で、スタートラインに立つ前に、もう疲れ切っているなんてことが何度かありました。視覚障がい者ランナーの戦いは、文字通り、会場に着く前からはじまっているわけです。すべてのランナーが競技以外でストレスなく、実力を出し切れたらどれだけいいだろうと、思わずにはいられません。

ジャパンパラリンピックに向けて

三年生になると、これまでの平山先生から安田祐司先生に陸上の指導が引き継がれました。今に至るまで大変お世話になっている「安田監督」との出会いです。

金メダルをいただいたとはいえ、本格的な練習はしていなかった私。競技場にも、安室奈美恵さん風の茶髪に高いヒールという陸上選手とはほど遠い格好で来ていました。安田先生は、「肩出して歩いてたら風邪引くやろ」なんて優しく気遣いながら、そんな私にいろんな策を講じて練習を続けさせようとしてくださいました。

サボろうかなと思っている日には「グラウンドのラインを引き直しておいたから」だとか、雨の日には「体育館のカギを開けておいたから」だとか、常に先回りして声をかけて、練習せざるを得ない環境にもっていくんです。卒業後も監督という形で指導してくださり、職場と練習場を車で送り迎えしてくださいました。目の不自由な私が困ることを事前に察して手を差し伸べてくれる安田先生と出会っていなければ、走ることを続けてはいなかったでしょう。

二年生の時、全国障害者スポーツ大会で優勝して意気揚々としていた私ですが、競技者として記録を争うジャパンパラリンピックのプレッシャーは相当なものでした。もともと本番に弱いタイプです。

三年生の時のジャパンパラリンピックでは、弱気の虫が出たのか、直前にマイコプラズマ肺炎にかかってしまいました。航空券まで手配していたのですが、肺炎の薬がドーピングに引っかかってしまうということで出場を断念。悔しい思いをしました。

この頃は、大会前にお腹が痛くなったり、スネが痛くなっても病院で何でもないと診断されたり、安田先生には「お前、気持ちでそうなるよな」と言われる始末。

ジャパンパラリンピックの舞台は、陸上選手の憧れである大阪の長居陸上競技場です。そこに立つことができず、落ち込んでいた私に対し、視察に行った安田先生と当時の伴走者の北村さんが粋なプレゼントをしてくれました。それは、大会の様子を撮影したビデオです。

「私はここで走る予定だったんだ……」

見るたびに悔しさがぶり返してきます。ですが、いつまでもくよくよしてはいられません。ジャパンパラリンピックは毎年開催されるのです。盲学校は卒業しますが、来年に向けて練習しなければ、また悔しい思いをするのは自分でしかありません。

リベンジ魂に火がつき、練習は気合十分。今までにないタイムで走れるようになり、一年後、これは記録が狙えるなとひそかに期待していました。大会数週間前には、順調にラップを刻み、レースで快走して優勝するシーンを夢の中で見たこともありました。

「走れば絶対に記録が出る！」

ただ、一つ気がかりなことが起きました。大会を控えていた九月二五日、実家の中野書店が倒産してしまったのです。祖父が、戦後間もなく立ち上げた歴史ある本屋さん。続けられなくなってしまった父や母の落胆ぶり。これからの生活を考えると、家族の一員である私が、悠長《ゆうちょう》に大会なんかに出ていてもいいのかなという葛藤がありました。

「走るべき時じゃないんじゃないか」

そして追い打ちをかけるように、一〇月六日に祖母が他界。享年八十七歳でした。中野書店の終焉とともに、息を引きとったおばあちゃん。亡くなる前は私より細い体でしたが、女学生の頃は中距離走をしたり、バレーボールをしたり、スポーツウーマンだったそうです。認知症で最後は思うように意思疎通できなかったけれど、そんな話を聞いたことがありました。

ショックが重なり、一時期は出場を取りやめることも考えました。でも、目標にしてきた世界大会で走るには、この大会で結果を残さなければなりません。限られたチャンス。しかも、私のコンディションは絶好調です。出場すれば必ず結果を出せる自信がありました。

逡巡する私の背中を押してくれたのは、他ならぬ母でした。

「あんたには関係ないこと。気にせんと頑張りなさい」

祖母やお店を失ったショックをおくびにも出さず、そう言ってくれたのです。幼い頃から、いつも私の味方だった母。この時も、変わらず私のことを一番に考えてくれたのでした。

はじめて父に褒めてもらえた

母は、私が大会に出るたびいつも応援に来てくれていました。ところが、父は一度も来てくれたことがありませんでした。私が物心ついた頃から、父は仕事が忙しくてあまりかまってくれませんでした。学校の参観日にさえ来てくれたことがなかったんです。加えて、不器用で一直線な性格。その性格は私に受け継がれていて、なにかと衝突を繰り返していました。私のほうが拒否していたのかもしれません。

そこで、肩を落とす父に思い切って声をかけてみたんです。

「時間あるし、旅行がてら大会見に来てみる？」

「応援に来て」とは恥ずかしくて言えず、素っ気ない感じで言って旅費を差し出しました。父も一度くらいはと思ってくれたのか、それとも母がお尻を叩いてくれたのか、初めて私の走っている姿を見に来てくれることになりました。

ジャパンパラリンピックの会場は岡山県陸上競技場・桃太郎スタジアム。出場するのは八〇〇メートル走と一五〇〇メートル走。家のことを何も手伝えない私にできることはただ走ることだけ。

「家に明るい話題を運びたい！」

ただただそう思いながら必死に走りました。

「美里、半分来たよ、頑張って！　ファイト、ファイト、ファイト！」

スタンドから聞こえてくる母の声援に背中を押され、夢中でトラックを駆けました。

結果、八〇〇メートル走は二分二九秒七〇、一五〇〇メートル走は五分一二秒七三。

両種目とも日本新記録でした。

これがその時できた私の親孝行。父にも私の思いが通じたのでしょう。大会が終わって私の携帯電話に、父から初めて電話がありました。

「おめでとう。よく頑張った！」

父に初めて褒めてもらえた。幼い頃から仕事一筋だった父。私に関心がないのではと悩んだこともありました。会話を交わすことも少なかった父と娘が、何年ぶりかに心を通わせた瞬間でした。これを境にお互いの理解が深まっていったように思います。

以前の父は、私の目のことを受け入れていないと思うところがありました。

旅行に行こうとした時、「目が見えないのに何が楽しいんかわからん」なんて言葉をかけられたこともありました。私が打ち込んでいるスポーツへの関心も薄く、ちょっ

と悲しくなることもありました。そんな父の口調が変わったことを、この時のやりとりで感じました。父が歩み寄ってくれて、初めて私の目のことを受け入れてくれた気がしたんです。

「選手団の皆さんにご飯でもごちそうしたいんやが」

不器用な父らしい提案でしたが、競技を終えたばかりのみんなは疲れているし、選手団としてスケジュールが組まれているので集団行動を乱すわけにもいきません。その時は断りましたが、私はそんなお父さんの優しい言葉をずっと待っていた気がします。私たち障がい者は、家族の理解が得られることで、ようやく第一歩が踏み出せます。

お父さんに認めてもらいたい。褒めてもらいたい。そんな思いをずっと胸に秘めていながら素直になれない。

そんな親子関係をお店の倒産が思いがけず溶かしてくれたのでした。

思わぬ事故で三ヶ月の大けが

ジャパンパラリンピックに出場したのは、盲学校を卒業した翌二〇〇六年のことです。当時の私は、鍼灸マッサージ師の国家資格を取得し、マッサージ師として働いていました。どちらかといえば体力勝負の仕事です。仕事後の練習はきつかったはずですが、記録がグングン伸びていた時期でもあったので、弱音を吐いたことはなかったですし、仕事を休んだこともありませんでした。それ以上に走ることにやりがいを感じていましたから、精神的にも肉体的にも充実していたのでしょう。改めて当時を振り返ると、よくやったなぁと、自分で自分を褒めてあげたいくらい（笑）。

日本新記録という正真正銘のご褒美を手に入れて、さぁ世界へという意気込みで、ますます練習に力が入っていました。ところが、好事魔多しとはよくいったもので、とんでもないアクシデントが待っていたのです。

それは勤務先でのことです。私の持ち場は二階だったのですが、三階に炊事場がありました。開店前、いつものように水をくみに行こうと停止中のエスカレーターを歩きました。エスカレーターが作動するのは営業中だけです。開店前や閉店後は停止しています。

しかし、その時のエスカレーターは点検中でした。目の見える人ならば、それが点検中だったということは一目瞭然だったでしょう。しかし当時の私は、左目は見えていたとはいえ、視力〇・〇三というレベル。本来ならガイドとなる白杖を使っていてもおかしくない状態なのですが、実は、まだ感覚を頼りに行動していたのです。しかも、その時は急いでいてエスカレーターを駆け上がってしまいました。

三階にたどり着いた瞬間、そこに点検口の穴が開いていました。地面を踏みしめる感覚のないまま、私はまさに落とし穴にズボッと飲まれるように落下。不幸中の幸い、点検中の作業員さんが私の胴体をキャッチしてくれました。奈落の底まで落ちずに済んだのですが、それでも体のあちこちに痛みが走りました。

あとから知ったのですが、エスカレーターは安全のために定期的な点検が義務づけられていて、点検口から技術者がエスカレーターの下に潜り込んで駆動装置や制御盤などを点検しているのだそうです。今どきは、駅などのエスカレーターを点検している様子を見かけたことのある方も多いでしょう。しかしその当時は、エスカレーターは一般的でも、点検を見ることはそうない時代。事実、私の勤めていたお店でも、点検は開店前、つまりお客様が見ることのないところで行われていたのです。

目がよく見えないのに白杖をついていなかったので、点検中の作業員さんもびっくりしたことでしょう。引き上げられた直後は、驚きが勝ってわからなかったのですが、しばらくしてから足の痛みがひどくなっていきました。これはいけないと病院に行くと、打ちつけた箇所の靭帯《じんたい》が損傷していることがわかりました。

走る楽しさを知って、記録も伸びていた時期に大けがをして、それから三ヶ月間ほど、働くことも走ることもできなくなりました。

「障がいのある自分を受け入れていなかったのかな」

このアクシデントは自分自身を見つめ直す、一つのきっかけになりました。盲学校に三年通ってもなお、白杖を持つことに抵抗があった私。しかし、今後も杖をつかずに外を歩いていれば、同じような目に合わないとは限りません。今回の事故も白杖を持っていれば回避できていたかもしれない。それに作業員さんを巻き込まなくてすんだかもしれない。

「人に迷惑をかけないためにも杖を持とう」

けがをきっかけに頑なだった心が、少しずつ前向きになりはじめたのでした。そしてこの後、転職した先の鍼灸院でかけがえのない出会いが待っていました。

「耐えるもの必ず志を得る」

マッサージ店を退職後、母の友人の紹介で鍼灸院に勤めることになりました。院長は西森芳夫先生という全盲の方。しかも、九十歳を超えるご高齢にもかかわらずかくしゃくとした佇まいで、現役の鍼灸師として多くの患者さんを診ていらっしゃいました。西森先生は日常的なことをする時には手元が少し震えたりするのですが、不思議なことに、鍼《はり》を打つ時だけピタッと震えが止まるんです。

「この先生、すごい！」

私はすっかり尊敬してしまいました。

卒寿にもなれば、どうしても身なりに無頓着になりそうなものですが、先生はビシッとした洋服に身を包んで髪もきちんとセットして、お出かけの時は眼鏡をピカピカに磨いていきます。西森先生の伊達メガネはとってもおしゃれ。それに私の大会前には、早く走れるようにとマッサージをしてくださることもありました。

西森先生の生き方や人柄は、私に目が見えなくてもこんな豊かな人生が送れるんだと自然に気づかせてくれました。また、先生は仕事の合間に、たくさんの話をしてくださいました。特に心に残っている言葉は、「耐えるもの必ず志を得る」です。先生の書かれた著書の一節でもあります。

先生は元から目が見えなかったわけではなく、戦争に出征した時に爆雷によって視力を失われたそうです。経済不安や混乱の残る戦後の動乱期。そんな時代に目の光を失った状態で生きていかなければならないわけですから、その苛酷さは容易に想像ができます。まさに、そうした逆境に耐えて、耐えて、鍼灸師という一つの生きる道筋を得られたのです。

お店は先生の腕と人柄で人気となり、一代でビルを建てるほどの成功を収められました。さらに視覚障がいがある仲間を雇い、ご自宅に住み込ませて寝食をともにし、独立開業までの道のりを後押しされたそうです。先生とご縁のあった人たちが、先生を慕って訪ねてくることもたくさんありましたし、先生じゃないとダメだという近所の常連さんもたくさんいました。

耐えるもの必ず志を得る——。

どんな逆境でも投げ出さずに耐え忍べば、必ずその先に光が見えてくる。私にそう思わせてくれた大切な言葉であり、大切な先生です。

親友・慶ちゃんとの京都旅行

エスカレーターでの事故やさまざまな人たちとの出会いのおかげで、少しずつ目のことを受け入れられるようになっていきました。日常生活で白杖をつくようにもなりました。

ただ、そんな私が最後の最後まで抵抗があったのは、友だちの前で杖を使うことでした。友だちとは何の気兼ねもなく笑いあったり、いっしょに成長していける対等な関係でいたい。でも、ほとんど目の見えていないことが友だちに知れたら、その関係が崩れてしまうかもしれない。特に同年代の友だちの前では、素直になれない自分がいたのです。

そんな私の心が、川邉慶子《かわべけいこ》さんといっしょに行った旅行をきっかけに変わりはじめました。

高校時代からずっと仲良しの慶ちゃん。目が悪くなってきたことを最初に打ち明けたのも慶ちゃんでした。

「美里が出るなら応援に行く！」

慶ちゃんはそう言って、陸上大会に向かうバスで同行してくれたこともありました。

「美里がのど自慢に出るなら私がメイクさんになる！」

ＮＨＫのど自慢に出た時は、私の苦手なメイクをしてくれたりもしました。

二〇〇九年、私が結婚して福岡に移り住むことになった時には、その前に独身最後の旅に出かけようと誘ってくれました。その年の初夏、慶ちゃんと二人で京都観光に行くことになったんです。

慶ちゃんの気持ちがすごくうれしくて、自分なりに入念にプランを練って京都へと出発しました。ただ目の悪い私は、住みなれた街であれば、どこの道や階段がどうなっているのか頭に入っていますが、未知の土地は勝手がわからずとても怖いのです。ところが、目がこんなにも見えなくなったことを、慶ちゃんに知られたくなかった。それで白杖を持たずにいた私ですが、慶ちゃんに手を引いてもらわなければ、とても観光などできない状態になっていました。慶ちゃんからは「あれ？ 美里、こんなに見えなかったの？」という戸惑いが感じられました。

旅行は、寺社仏閣巡りをして、ご飯を食べて、お土産屋さんに行ってと、ごく普通の観光コース。でも、目が不自由な私とっては、難題だらけというのが正直な気持ちでした。

格式ある寺社の階段は不規則な石組みで、微妙な傾斜、段差によって頼りの慶ちゃんさえ、足元を取られるほど。絶好の撮影スポットでも、私は慶ちゃんの写真を撮ってあげられません。お土産屋さんに入れば、私がショルダーバッグを割れ物にあててしまうのではと、ハラハラする慶ちゃんの気配がします。

ご飯を食べる時も、どこにお茶碗があって、どこにお魚があるのかわからないこともあります。私の目は、光の加減によって見えたり見えなかったり。夕方などの薄暗い時間帯は一番見えやすいのですが、昼間の光が強い時間帯は瞳孔が縮んでほとんど見えなくなってしまうのです。だから、普通に食べている時もあれば、慶ちゃんに「これ何？」と聞かなければならないこともありました。そんな私を見て、慶ちゃんはどこまで教えていいのかわからない状態だったようです。

「こんな私といっしょに旅行にきて楽しいのかな」

私は次第に、迷惑だったんじゃないかと思うようになりました。だって、せっかく旅行にきても、ずっと私を気遣わなくちゃいけない。何をするにも、私が足を引っ張ってしまっているのです。

「慶ちゃんきっと楽しくないよね」

そんなふうに思いはじめると、二人の仲もなんだかギクシャクしてきて、一日目の終わりを迎える頃には、会話が続かなくなってしまいました。

独身最後だから羽根を伸ばそうと、慶ちゃんが誘ってくれた京都旅行。それなのに、私は慶ちゃんに迷惑をかけているんじゃないかと一人落ち込んで、そんな私の態度に、慶ちゃんはどういうふうに対応したらいいのかわからないでいたのです。歯車がうまく噛み合わなくて、なんだか険悪な雰囲気のまま旅館にチェックイン。

一日歩き回れば、ただでさえ疲れますよね。ましてや、私たちは互いに気を遣い合い、クタクタで心の余裕もありませんでした。こういう時って、つい言わなくてもいいことが口をつき、つっけんどんなもの言いになってしまうものです。

「慶ちゃん、ごめん。私とおってもつまらんやろ」

慶ちゃんの疲れている様子に、私の抱えていた一日の思いが、一気に沸騰してしまったのです。

「何でそういうこと言うん？」

それに対する慶ちゃんの口調は、意外なほど優しいものでした。ところが私は、一度口火を切ったことで、感情がせきを切ったようにあふれ出て、止められませんでした。

「私とおると周り気にせんといけんし、今日だってずっと私の足元を見てくれとった。それに、私の写真はいっぱい撮ってくれたけど、私は一枚も撮れん。そんなんやけぇ、楽しめんよね。ごめんね、慶ちゃん、ごめんね」

慶ちゃんに迷惑かけっぱなしな自分へのいら立ち、慶ちゃんが私のことを疎ましく感じているんじゃないかという不安、このまま離れていってしまうんじゃないかという恐怖、いろんな感情がない交ぜになっていました。それらがあふれてきて吐露してしまったのです。


人はこういう時、つまり、目の不自由な人にこんなことを言われた時、どんな反応をするのでしょうか。なんて言葉をかけていいかわからなくて困ってしまう、そんなことないよと傷つかないようにあしらう、大抵はそういうものだと思います。しかし、慶ちゃんはそのどちらでもありませんでした。

「美里、そうじゃないやろ！」

慶ちゃんは強い口調で続けました。

「美里がわからんのよ。今日だって普通にご飯を食べとる時もあれば、お茶碗を探しとる時もあるけぇ、どこまで声をかけていいのかわからんのよ。美里が今、どこまで見えてるのか言ってくれんと、私だって疲れる」

「じゃあ帰ろっか。疲れたよね」

「だから、そうじゃないって言いよるやろ！」

こんなにも怒った慶ちゃんは初めてでした。冷静であれば、慶ちゃんは私のことを思って言ってくれていると簡単にわかりますが、その時は、もう売り言葉に買い言葉。「疲れる」という言葉に過剰反応して言い返してしまいました。こんなすねた態度をとったら、勝手にしなよと突き放されてもおかしくありませんが、慶ちゃんは見放すことなく、どこまでも本音で私と向き合ってくれたのです。

「美里は何で素直に言ってくれんの？　一人で歩くのが怖いんなら、腕ずっとつかんでてもいいし、何でも聞いてよ。甘えるところはちゃんと甘えんと。いっつも美里は一人で無理してる。それじゃ人を拒絶しとるのとおんなじやん」

返す言葉がありませんでした。

「美里が甘えて何かをしたって、それで私は離れていかんし、離れていく人がおればそこまでの人。でも美里の周りにはそんなことで離れていくような人はおらんし。美里が杖を持って歩いていようと関係ない。やけぇ甘えてよ。杖ないと大変やったら気にせんで使えばいいやん」

友だちの前では対等な関係でいたくて白杖をつきたくなかった私。負担になって友だちが離れていくのが何より怖かった私。

「離れていく人は放っておけばいいんよ」

弱い部分を隠している私に対して、慶ちゃんは臆せず本音でぶつかってきてくれた。長年、強ばっていた心が解けていく瞬間でした。

「無理して大丈夫なふりをしなくてもいいんだ。ありのままの自然な私でいてもいいんだ……」

そう思うと、涙が止まりませんでした。ひょっとしたら私は、誰かからのそんな言葉を待っていたのかもしれない。この本音の話し合いが、私が目のことを受け入れる大きなターニングポイントになったのです。

本音をひとしきりぶつけ合ったら、お互いのわだかまりがとけていきました。次第に普通の話もできるようになりました。そこでわかったのですが、慶ちゃんは舞妓体験など、目が見えなくても楽しめそうなプランを組んでくれて、私は私で、慶ちゃんに喜んでもらおうと、寺社巡りなど、いわば目で楽しむ計画を立てていたのです。なんだか、お互いがお互いのことを思い合って、旅行プランの段階から歯車がかみ合っていなかったんですね（笑）。

適当にやり過ごそうとせず、本音で私に思いをぶつけてくれた慶ちゃん。おかげで私は、目の不自由な人が目の見える人と接する時、どんな手助けが必要なのか、聞かれるのを待つのではなく、自分から伝えることの大切さに気づけました。

この旅は、私の一生の思い出になりました。その夜も、次の日も飽きれるほど、ずっとおしゃべりをしてました。

今の私があるのは、けっして私一人の力ではありません。一人では目のことをずっと引きずっていたかもしれません。いうまでもなく、私が自分に降りかかった現実を受け入れられるようになったのは、多くの人の助けがあったからです。

どんな困難でも周りの人といっしょなら乗り越えていける。そのためにも、伝えることからすべてがはじまる。今、私はそう確信しています。

ストイックな伴走者北村さんとの出会い

陸上をはじめてからは、多くの出会いがありました。北村拓也さんもその一人です。北村さんは、最初に伴走してくれた登城さんの次についてくださった伴走者。盲学校三年の頃から、中距離走をしていた時、ずっと伴走者を務めてくださいました。高校も大学も陸上の名門校を出ていて、一五〇〇メートル走の記録では出身大学の歴代十傑にも入っている陸上エリートです。

名門校だけに、厳しい環境も経験してきていて、高校時代は、選抜選手とそうでない選手で住む場所がわけられていたり、大会会場へ行くバス内は私語厳禁だったりしたそうです。

そのせいか北村さんもものすごくストイック。私は、大会で遠征するとなるとついつい旅行気分で盛り上がっていました。

「何かおいしいものでも食べに行きたいです！」

「何しに来たんですか」

北村さんはつれない態度。メールで「今日は寒いですね」なんて打つと、「用件は何ですか」と返ってきます。

「……北村さん怖い！」

当時はそんなふうに思っていたんですが、今思えば、私が甘ちゃんだっただけ。北村さんは、私を目標だった世界に本気で連れて行ってくれようとしていたんです。

振り返れば、練習メニューや指導も的確で、当時の私は気づきませんでしたが、とてもレベルの高いものでした。伴走の仕方もそうです。その後、他の伴走者の方と走ってわかったのですが、北村さんは私が走りやすいようフォームや腰の高さを完璧に揃えてくれていたのです。

走っている姿はまさに私の影のよう。そんな北村さんの言葉で、今でも鮮明に覚えているものがあります。北京パラリンピック出場をかけた最後の選考レースだった、二〇〇八年の九州パラリンピック陸上競技選手権大会のスタート前に言われた言葉です。

当時は、スランプ続きで本調子でないばかりか、どんなに真剣に走っても北京の参加標準記録が突破できない状態。走ることが楽しくなくなっていて、スタートラインに立つのが嫌で嫌で仕方ありませんでした。

「逃げるな！」

私の弱気を見抜いた北村さんは、スタート前にあえて強い口調で言いました。学生の頃からスパルタな環境に身をおいて、それでも投げ出さずに陸上をやり通した北村さんの強さ、覚悟をその一言から感じ取れました。

その後、私は逃げたい気持ちを押し殺してスタートラインへ向かいました。結局、記録は出せませんでした。でも、そんな状態でも逃げずにスタートラインに立ち、走り切ったことは、その後の人生に生かされているように思います。障がいのあるなし関係なく、競技者として対等に付き合ってくれた北村さんには、勝ち負け以上に大切なものを教わりました。事実、競技者としての意識が高まった今振り返ると、当時の私がいかに甘かったか、痛いほどよくわかります。

北村さんは、その後、二〇一二年ロンドンパラリンピックでマラソンの高橋勇市選手の伴走者を務めています。

「北村さんに追いつくためにも、私もパラリンピックに出なくては。そして、いつかまた機会があれば伴走してほしい」

そう今も思わせてくれる伴走者です。

障がい者でも強く生きたい

盲学校の仲間や陸上で出会った多くの方々に私は影響を受けてきました。中距離走をやっていた頃、講演会でいっしょにトークショーをさせていただいた鈴木ひとみさんには、こういう生き方があるんだと教えてもらえました。

鈴木さんは、モデルとして活躍していた時に事故で頸椎《けいつい》を骨折して以来、車いすでの生活を送っています。『車椅子の花嫁』という著書を出されてテレビドラマ化もされました。講演会の時には、旦那様も付き添いでいらっしゃっていて、その支え合っている夫婦関係がとても印象的でした。ちょうど私も結婚前だったので、こんな夫婦になれたらいいなと憧れの対象として見ていました。

それに、バリアフリーやユニバーサルデザインをテーマにした講演会で全国を巡ってらっしゃって、とても輝いていました。私も鈴木さんのように自分の経験を誰かのために生かせたらいいなと、一つの道標にもなりました。

義足のランナー島袋勉《しまぶくろつとむ》さんにも刺激を受けました。島袋さんは事故で両脚の膝から下を失い、義足での生活を送っています。出会いのきっかけは、母の知り合いの宮司《ぐうじ》さんが企画した島袋さんの講演会に、私を招待してくださったことでした。当日、台風で講演会は中止になってしまったのですが、現地入りされていた島袋さんと食事会を開くということで、そこに私も同席させていただけることになったんです。直接お話をするとすごくポジティブな方で、事故で入院している時から、義足では走れるのか、義足では何ができて何ができないのか、すでに先のことを考えていたそうです。

ニューヨークマラソンに出場した時は、義足の接続部分がうっ血したり、血が出たりしたそうですが、それでも完走してしまう筋金入りのランナーです。そのたくましさに驚かされるばかりでした。

「私もいつか海外のマラソン大会に出てみたいな」

そんなふうに初めて海外のマラソン大会へ興味をかき立てられました。鈴木さんや島袋さんのような人生がある。お二人との出会いを通じ、同じ障がい者として私も強く生きたい。そして、社会に必要とされる人になりたいと強く思いました。

ブラジル遠征に向けて

二〇〇七年、ブラジルで開催された第三回IBSA世界選手権大会まで一年を切った頃、私は前述の大けがをしてしまい走れない状態でした。走らなくてはならないのに、走れないもどかしさやいら立ち。それに、私を取り上げてくださったテレビ番組をご覧になった方々が、街で声をかけてくださるのですが、その頃は「美里ちゃん、頑張ってね」という励ましの言葉が、逆にプレッシャーになっていたのでした。バチあたりですよね。皆さんの応援がどれほど力になっているのか、身をもって知っているくせにこんな弱音を吐いて。

一方で身近に、押しつぶされそうになっている私を支えてくれようとした多くの方々がいました。安田監督もそのお一人です。盲学校を卒業してからも学校のグラウンドで練習できるのは監督のおかげ。「仕事が終わってから学校に練習に来ればいい」と気を回してくださったばかりか、前述のとおり毎日、私の職場からグラウンドまでの送り迎えまでして練習を見てくださいました。

さらに監督は、走れないでふさぎこんでいる私を見かねて、お見舞いにきてくれたり、気晴らしのドライブに連れていってくれたり、前向きになれるようにと馬場俊英さんの「スタートライン」という曲が入ったCDをプレゼントしてくれたこともありました。もう卒業しているにも関わらずここまでしてくれる。それでいて、「お前で夢を見させてもらっとる。俺の夢でもある」と粋な言葉。私は感謝してもしきれない思いでした。

感謝しきれないといえば、古谷誠《ふるたにまこと》さんもその一人です。もともと小学校の校長先生や短大の講師をされていた方です。私が陸上競技場で練習していると「いつも頑張っちょるね！」と声をかけてくださいました。それだけでなく、実家の中野書店が倒産してしまった時には、「中野美里さんを励ます会」という会を立ち上げて応援してく

ださいました。
　その古谷さんが、陸上競技場で「いつも夜遅くまで頑張っとるから何かしてあげたい。そうだ横断幕を作ろう！」なんて声をかけてくださったこともありました。横断幕なんて冗談だろうと思っていたら、大けがをしたこの時期に、その言葉を実行に移してくださったのです。
　職場にやってきて、「美里ちゃん持ってきたよ！」と言うので、何を持ってきたのかと思ったら、突然、そこで大きな大きな黒い布を広げはじめたのです。そこには黒字に白い文字で、「がんばれ中野美里！　光を目指して走れ！」と書いてありました。私の視力でもくっきりと読むことができるように記された文字。このサプライズには本当に感激しましたが、古谷さんがしてくださったのはそれだけではありませんでした。

実は、古谷さんと古谷さんの声がけで集まった四百名を超える方々が、ブラジルへの遠征費を集めてくださったのです。伴走者のぶんもあるので、私と合わせて百万円近く。こんなことまでしていただいて、私はなんてお礼を言ったらいいのかわかりません。頑張っていたら、必ずどこかで誰かが見てくれている。つくづく、周りの人に支えられているのだと実感させられる出来事でした。

また、古谷さんはよく講演会の講師をされていて、「誰かに支えられ、誰かを支えて生きている」というテーマでよく話されていました。当時の私は人に支えられることばかりだったけど、いつか人を支えることができる人になりたい。支えてくださった皆さんに恩返しをしたいと思ったものです。私も現在、講演活動をさせていただくこともありますが、そんな思いを胸に各地を回っています。

こうしたありがたいサポートがあって、事故から三ヶ月ほどかかりましたが走れるまで回復しました。それから遅れを取り戻すように練習に励み、ようやく以前の調子に近づいてきたのが、五月二七日に開かれた日本身体障害者陸上競技選手権大会。

八〇〇メートル走のタイムが二分三三秒六八。一五〇〇メートル走が五分一七秒七三とベストタイムに近い記録。気がかりだったのは、走った後の疲労感がすごかったこと。本当に以前の体に戻ったのか、半信半疑な部分もありました。そんな状態で臨んだＩＢＳＡ世界選手権大会ですが、私はそこで世界の壁を目の当たりにすることになったのです。

第4章 マラソンとの出合いで世界が広がる

ブラジルで開催された世界選手権

ジャパンパラリンピックの八〇〇メートル走と一五〇〇メートル走で日本記録を樹立した私は、翌二〇〇七年ブラジルで開催されたＩＢＳＡ（インターナショナル・ブラインド・スポーツ・アソシエイト）世界選手権に二種目で出場できることになりました。

会場に乗り込んだ時点で、他国にどういう選手がいるのか、その選手たちがどのくらい速いのかということもよくわかっていなくて、とにかくブラジルまで来られたのだから全力で走るしかないという気持ちでした。

八〇〇メートル走は力を出し切れず予選落ちだったので、〝一発決勝〟の一五〇〇メートル走はスタートからガンガン攻めるレースをしよう。そう決めて、予選のスタートラインに立ちました。

トラックレースで伴走者がいる場合は、競技中の位置取りがとても重要です。前の選手を追い抜くために、アウトコースを走る時間は最小限に抑えたいところ。ある程度の位置につけておきたいという思いで、号砲とともにスタートダッシュ。するとスタートからトップに出てしまったんです。

二百メートルの通過タイムはいつも通りなんですが、なぜか誰も競ってこない状況でした。不思議に思いながらも、そのまま一周、二周と気持ちよく快走。

「このままいけば勝てる！」

そう思った矢先、レース模様は一変します。

「カンカンカーン」

ラスト周回を知らせる鐘が鳴ると、後ろの選手たちがギアを入れ替えて、ものすごい勢いで迫ってきたのです。あっという間に追いつかれ、二位、三位、四位と順位が下がっていきます。最後の直線、あと少しのところでさらに追い抜かれて結果は五位。

「メダルを狙うレースってこうやって走るんだ……」

ライバルたちは、メダルをとるために勝つレースをしたんだと思うと、悔しさが込み上げてきました。レースで高度な駆け引きをしたことがなかった私にとって、貴重な経験となったレースでした。

それにしても、世界の選手は背が高くて、私みたいなちびっ子は珍しかったですね。大人のレースに子どもが紛れ込んでいる感じ（笑）。それに足が長い！

これだけ体格差があったら、はじめから勝てる気がしません。日本国内の大会では、あれほどまでに大きい選手は見たことがなく、圧倒されたというのが正直なところです。タイム差も大きく、その時の私の記録は五分一五秒ですが、優勝したロシアのエレーナ・ポートヴァ選手のタイムは四分三九秒。私がどんなに全力を振り絞っても勝てないわけです。

「世界大会で優勝するためには、まだ三十秒以上も縮めなければならない」

そう思うと、私は途方に暮れてしまいました。

中距離走選手としての限界

私を応援してくださる人たちは、世界大会なんだから立派な成績だとおっしゃってくれました。しかし、私にとっては世界の壁と同時に、中距離走選手としての自分の限界を思い知らされた大会でした。

また、競技ルール自体にも少し疑問を感じました。私がエントリーしたのは、光を感じる程度から視力〇・〇三までの「T12」というクラス区分です。同じ視覚障がい者といっても、視力にけっこうな差がある人たちで競い合います。私のように伴走者と走る人もいれば、中には伴走者をつけていない選手や、走りながら振り向いて後ろの選手との距離を確認している選手もいました。

一人で走れる選手と走れない選手が同じスタートラインに立つというのは、やはり不公平な気がします。伴走者がいなくても走れる人は一人でも練習できるのですから。同じ競技に取り組む仲間といつも話していたのは、「伴走者が必要な人とそうでない人でわけたら、もう少し公平になるのでは?」ということ。いずれにしても、世界の壁の高さを知ることで、目標が遠ざかってしまったようで、走る気力が失せてしまいました。

練習再開となってもやる気は戻らないままでした。それでも、当時は北京パラリンピックを目指すという気持ちでしたし、私一人で走っているわけではありませんから、本音を漏らせないまま最後の選考レースである九州パラリンピックに向けて練習をはじめました。そこで私に課された一五〇〇メートル走の目標は四分台。それは無理だろう、とあきらめている時点でダメなんですけど、それよりなにより走ることが楽しくなくなってしまい完全なスランプ状態でした。

結局、三月の大会は走りたくないままスタートラインに立ち、惨敗。これは前章で書いた北村さんから「逃げるな！」と言われたレースです。パラリンピック出場という夢をあきらめて、お世話になっていた山口障害者陸上競技クラブＳｔｅｐも辞めてしまうことにしました。

そんな気力が失せた私を見て、しびれを切らした安田監督からは「しばらく休め。走るな！」と強制的に休むよう言われてしまったのでした。

目標のない生活の空虚感

監督を失望させたわけですから、心が痛かったのですが、練習から開放されてホッとしたのも事実です。なにしろ、仕事が終わったらグラウンドに直行という毎日で、普通の女の子のようにショッピングを楽しんだり、グルメを堪能したりということもなかったわけです。練習せずにまっすぐ家に帰れる日々は新鮮で、心ゆくまで開放感に浸りました。

しかし、日が経つにつれて、目標のない生活に空虚感を覚えるようになっていきました。

「私、何をやっているんだろう」

自由な時間を持て余す私の周辺で「マラソン」という単語が飛び交うようになったのは、そんな頃でした。世の中は空前のマラソンブーム。二〇〇七年にはじまった東京マラソンを皮切りに、全国各地でマラソン大会がうぶ声を上げようとしていました。

そんな中、下関海響マラソンも二〇〇八年に開催されることになったということで、「励ます会」の古谷さんが「美里ちゃん、地元で開催される大会だから走ってみたら」と声をかけてくれたのです。

目標がないと張り合いがないなと思いはじめていた私にとって、まさにグッドタイミング。しかも、ずっと以前から私の走り方を見ている監督や周りの人たちから、長い距離のほうが向いているんじゃないかと言われていました。

久しぶりにやる気になった私は早速、安田監督に相談しました。

「いつかフルマラソンを走ってみたいと思っていたけど、今だと思うんです。チャレンジしてみたいんです!」

「走りたくないなら走るなって言ったけど、お前が本気でやりたいなら練習みてやるぞ」

理解ある監督の言葉に後押しされてすぐにエントリーしました。一ヶ月の休息を経て、練習を再開したのです。

半年後の大会に向けて、自分なりにあれこれシミュレーションを重ねました。長い時間を走れる足を作らなければということで、二週間に一回、ゆっくりでもとにかく二〇キロ走ってみることにしました。まずは目先の小さな目標から。これを二ヶ月続けられたらフルマラソン完走も見えてくるはずです。

長距離を走るには過酷な夏の頃だったのですが、二週間に一回二〇キロという目標をクリア。これで完走はできるだろうと、少しずつ自信をつけていきました。

一方で、フルマラソンを走るには問題がありました。一般道を走るわけですから、当然、伴走をしてくださる方がいないと走れないのです。

「マラソンを走ってみたい」

自然とそんな思いをいろんなところで伝えていました。やりたいことを言葉にするって大事ですよね。

中距離を走っている頃から、無名の私を鈴木ひとみさんとのトークショーなど、さまざまなイベントに呼んでくださっていた酒井孝之さんにも相談してみました。

「マラソンを走ってみたいんです。でも周りにマラソンを走ったことのある人がいなくて、いっしょに走ってくださる方が見つからないんです」

この相談が「吉」と出ました。酒井さんの友人を介して、山口県庁陸上部のキャプテンである十河義典《そごうよしのり》さんを紹介していただけることになったのです。

この出会いは私にとって運命的なものでした。なぜなら、私にマラソンを完走するためのトレーニング方法ばかりか、走る楽しさ、走る喜びを教えてくださったのは、他ならぬこの十河さんだったからです。

笑顔のランナー十河さんとの出会い

仕事で帰宅が遅くなることも多い十河さんの練習時間は一時間の昼休みが中心です。昼休みのチャイムとともに外に走りに行きます。練習から帰ってきて昼休みの残りの十五分でご飯をかき込むという、それほど走るのが大好きな十河さん。時間は作るものだということを、身をもって教えてくれた人でもあります。

奥様も走ることに理解ある方で、十河さんの周りはいつも仲間がいっぱい、笑顔がいっぱい。顔から笑顔がにじみ出ているかのような十河さんは、ものすごくポジティブなんです。

「僕で務まるかわかりませんが、いっしょに頑張りましょう！」

伴走の経験はなかったので、普通なら考え込んでしまうような大役を二つ返事で引き受けてくださいました。

そんな十河さんが、最初に伝授してくれたのが笑顔！ きついときほど笑顔になれという「スマイル走法」です。笑顔になれば肩の力が抜け、無駄な力が抜ければ楽に走れるとのこと。

十河さんが提唱者だけに、伴走中も笑顔になれるよう、ユニークなアドバイスをしてくださいます。例えば、坂道を走っていて足が前に出ていないとこんな声がかかります。

「あっ、美里さん、筋肉が喜んでますよ！ もっとペースを上げたらさらに喜びます」

今まできついだけだった上り坂が、十河さんの一言で気持ちが軽くなりペースが上がります。

また、向かい風に苦しんでいる時はこんな言葉。

「美里さんは、ここにいる誰よりも風を受けてないんだよー。ちっちゃいから！」

思わず吹き出してしまうような言葉の数々。走っていて心から楽しいと思いました。十河さんのそんな気配りの言葉にどれだけ救われたことでしょう。

迎えた第一回下関海響マラソン。伴走者は十河さんはじめ四人。十河さんはフルマラソンの経験者でしたが、他の三人

はフルマラソンの経験のない盲学校の先生たちです。皆さん、この日のために時間を作ってトレーニングを重ねてくれました。

スタートの伴走者は経験値の高い十河さんでした。二〇キロがあっという間に過ぎて、二人目の伴走者にバトンタッチ。ここでハプニングです。

通常、伴走者は時計を身につけて走るのですが、二人目の先生の時計の電池が切れてしまったんです。しかし、その対処法がお見事。電池が切れたことを私に悟られないように、要所でタイムを計っているかのように振る舞い、「いいペース、いいペース」と言って走り通してくれたんです。

しかも芸が細かく、時折腕を上げては、あたかも本当に時計を見ているような仕草まで。そんな動揺を見せない伴走者の心遣いが随所にあって、大きな支えになりました。スタートの二〇キロを伴走してくださった十河さんなんて、なんとか私をゴールさせたいと、そのまま沿道を走って追いかけてきて、声援を送り続けてくれました。

初マラソンでの完走は喜びもひとしお。なにしろ、半年前から準備をしてきたわけですから。携わってくれた皆さんとともに喜びをわかち合い、最高の笑顔に囲まれました。

「やっぱり私は走るのが好き!」

走ることを続けたいと心の底から思いました。

初マラソンの舞台になった下関海響マラソンは、いわば私のマラソンの原点です。以来、毎回出場し、二〇一四年にはゲストランナーとして招いていただきました。密かにこのゲストランナー枠を狙っていたので(笑)、とても光栄でいっそう思い入れが強い大会になっています。

初マラソン後のしばらくは、沿道にいた皆さんやテレビ中継を見てくださった多くの方から、「中野さん、これからも頑張ってね」と声をかけられました。照れ臭いやら、うれしいやら。マラソンは、たくさんの出会いを運んでくれるスポーツだと実感しました。マラソンは街中を走る地域一体型スポーツなので、沿道の人たちとの触れ合いがあります。

ところが、それまで私がやっていたトラック競技は、いつ、どこの競技場で行われているのか、ほとんど知られることがありません。できれば、マラソンと同じように皆さんに応援していただけるとうれしいです。きっと、選手たちは喜び、やる気いっぱいになってすばらしい感動を与えてくれるはずですから。

三時間三七分を切ったら日本記録⁉

初マラソンにチャレンジした頃の目標は、順位や記録ではなく完走でした。今でこそ、「女子盲人マラソンをパラリンピックの正式種目に！」という機運が高まっていますが、当時は、限界に挑戦しようという大会もなく、ただ走ることを楽しもうと思っていました。

「中距離走の経験でスピードはもともとあるんだから、たくさん距離を踏めば走れるようになりますよ」

そう言ってくれた十河さんたちのアドバイスに従って、トレーニングを続けているうち、長時間でも走れるようになっていきました。その結果として、下関海響マラソンの完走タイムは三時間三八分三六秒でした。

すると大会後、十河さんがいろいろ調べてくれて「あるサイトでは美里さんの部門『T12』の日本記録は三時間三七分と書いてありました」と耳打ち。「美里さんなら狙えます」と背中を押してくれたのです。

「日本記録まであと一分！」

それを聞いて、俄然、アスリート魂に火がつきました。

次の目標にしたのは、翌二〇〇九年四月に行われる「国際盲人マラソンかすみがうら大会」。下関を走ったのが十一月一六日でしたから、練習期間はおよそ五ヶ月です。

「伴走はもちろん十河さんですね」と振ってみると、「いいですよ。でも狙うなら絶対やりましょう！」と心強い言葉。快く付き合ってくださることになりました。

ただし、目指すのが記録更新ではプレッシャーになると、周りが気遣ってくれていたのか、話し合って決めた目標は「楽しく走ること」。

「美里さんが楽しく走れば必ずいい結果がついてきます」

そう言って、十河さんはいつもリラックスさせてくれました。

この私のチャレンジを安田監督も応援してくれました。

「また毎日練習かー。しょうがないなー」

言葉はいやいやのように聞こえますが、これが監督の愛情表現なのです（笑）。実際、スケジュール調整をして、私のために休みをとって、会場の茨城県霞ヶ浦まで帯同してくださいました。

目標は完走、そして楽しく走ること。そんな気楽なチャレンジだったはずですが、さすがに大会が目前に迫ると緊張が高まってきます。大会までのプランは十河さんと安田監督が立ててくださいました。

古谷さんと私を含めた四人で二日前に東京入りすると、その日の夜は、「ちょっと行きたいところがあります」と十河さん。どこへ行くんだろうと思っていたら、なんと吉本興業のお笑いライブでした。

「大会にリラックスして臨んでほしい」

そんな十河さんの気遣いがうれしくてたまりませんでした。

初めてのお笑い芸人の生ステージで大口をあけて爆笑した翌朝は、私のリクエストで皇居にも行きました。皇居ランナーを体験してみたかったのです。すると監督が「せっかくだから俺も走る」と言っていっしょに走り出しました。もともとは短距離走やサッカーが専門。最近は走っている姿を見たことがなかったので「大丈夫かな」と思っていたら、案の定、途中でバテて歩いて帰ってきました。待たされた私たちが、笑って「遅い！」と文句を言うと、「五キロもあるなら最初からそういってくれ〜」とまるで子どものよう。

そんな一コマでも、ずいぶんリラックスさせてくれる監督でした。

「俺がもう少し若かったら、伴走してやるんだけどな！」

そんなことを言いながら、いつも応援についてきてくださる監督。走るのは苦手なようですが、気持ちはいつもいっしょに走ってくれています。

さて、そんな周りのサポートもあって、国際盲人マラソンかすみがうら大会では、三時間二六分四四秒というタイムで優勝することができました。ゴール直後は「記録更新だ！」と喜んでいた我々ですが、この話には後日談があります。

実は、それまで日本記録と信じていたものは、どうも怪しいぞということになったんです。今でこそ、日本盲人マラソン協会が記録を管理していますが、まだその頃は女子盲人マラソンの世界大会もなく、日本記録の調査や管理が行き届いてなかったようです。

なにかと勘違いして喜ぶという私のお約束パターンが、これまた大いに発揮された、というオチとなりました（笑）。

立建機
62
J:COM

第5章 笑顔が出会いを引き寄せる

出会ったその日のプロポーズ⁉

国際盲人マラソンかすみがうら大会に出場した四ヶ月後の二〇〇九年八月、生まれてから三十年近く住んだ下関を離れて、福岡に移り住みました。交際していた道下君と、結婚を前提にした同棲をスタートさせるためです。

「道下さんの旦那さんってどんな人？」

よくそんな質問をされますが、私のことを理解してくれていて、時にはきちんと叱ってくれる優しい人。それにこうと決めたら必ずやり遂げる意志の強い人。のろけもありますが、いろいろな面があるので、一言で言い表すのは難しいと毎度のように思います。

でも、初対面の印象ならはっきりと一言で言えます。それは「ちょっと変わった人」です。

出会ったのは、まだ左目が見えていた短大時代。道下君はアルバイト先の先輩でした。釜飯やステーキで人気のレストランで、私がウェイトレスで彼はウェイター。ごく普通の学生アルバイトだったのですが、初めて会った日にいきなりとんでもないことを口にしたんです。

「好きです。結婚しよう」

アルバイトの初日に、初めて会った人からこんなことを言われたら、誰だって驚きますし、呆れてしまいますよね。この話をすると百人が百人とも、必ず聞き返しますし、冗談だと思われます。それでも実際にあった話なんです。

出会ってすぐにプロポーズ。当然、「はい」なんて言えるはずがありません。私がどんな顔をして彼に対応したのか記憶はありませんが「変わった人」、それが夫に対する第一印象でした。

そんな出会いから日を置かずに、またいっしょの時間にアルバイトに入ったのですが、性懲りもなくまた、「好きです」と告白してきたのです。それからは顔を合わせるたびに告白攻撃。

「何、この人、軽すぎない⁉」

そんなふうに思いつつ、一方で、そこまで悪い気もしていませんでした。仕事ができてかっこいい一面もありましたし、仲間のフォローに積極的で優しいところもあり、けっして悪い人ではなかったからです。

それでも恋愛対象になるかといえば、また別の話。実は、すでに別の男性とお付き合いをしていたので、結婚はおろか、付き合うことも考えられませんでした。

やがて短大卒業を迎えた私はそのアルバイトを辞めます。連絡先も交換していなかったので、それ以来、疎遠になっていきました。これは、他のアルバイト仲間から聞いたのですが、私が辞める頃には、他のアルバイトの女性とお付き合いをはじめていたそうです。

彼のことを好きだったわけではないので、あれこれ言う資格はないのでしょうが、そのことを聞いた時には、「何よ、私のこと好きって言ってたのに！」と人知れずむくれたのでした。

八年ぶりの再会

短大を卒業後は、調理師を夢見てレストランで働く日々。でも、その目標とは裏腹にどんどん悪くなる私の目。なんとか調理師の免許は取得し、レストラン経営に向けた一歩を踏み出したかに思えた矢先、目の具合から、料理人として働くことに不安を感じはじめました。

そんなある日、それを決定づける出来事がありました。料理に髪の毛が入っていたことに、料理長が激怒したのです。お客様のテーブルに出す前でしたが、盛り付けの最終チェックをしたのは私。見えづらいながらも細心の注意を払っていたのですが、髪の毛を見落とすところまで視力が落ちていたのです。これ以上は迷惑をかけられないと痛感し、夢だった料理人の道を断念せざるを得ませんでした。

レストランを離れた後は、実家の書店を手伝っていましたが、母の勧めで盲学校への入学を決めました。そこでは新たな出会いがたくさんありました。その一つが陸上競技です。

久しぶりに感じた風を切って走る喜びに魅せられて、みるみるのめり込んでいったのでした。走るのが気持ちよくて、楽しくて、来る日も来る日も、グラウンドを走った結果、全国大会出場のチャンスを手にします。さらに、そこで日本新記録を出したことがきっかけで、ジャパンパラリンピックなどの本格的な競技レースにも挑戦できることになり、ますます陸上に燃えました。

そんな盲学校三年生のある日、学校にいる私に、母からこんな電話がかかってきたんです。

「もしもし、美里？　アルバイト時代の同僚の道下君って覚えてる？　お店に来ていて、連絡を取りたいって言ってるんだけど」

「道下君？　あぁそういえば、そんな人もいたなぁ」

これが、電話を受けた時の正直な感想です。なにせ、アルバイトでいっしょだったのは八年以上も前のことです。以来、一度も会っていないのですから、その存在は忘却のかなた。そんな彼がなぜ私を訪ねてきたのか謎でしたが、一方で懐かしさもあり、その電話で話をしました。

「学校が終わってから会えない？」

わざわざ福岡から出向いてくれているし、何か大事な用事があるのかもしれない。家の近くの喫茶店で会う約束をしました。何年ぶりかの再会ならば、思い出話に花を咲かせたり、近況報告をし合ったりというのが相場でしょう。しかしこの時、あろうことか私は道下君に説教をしてしまうことになりました。

久しぶりに道下君、つまり夫となる人に再会し、共通の友人の消息など、とりとめもなくおしゃべりをしました。しかし私の頭の中は、目のことをどのタイミングで切り出そうか、ということでいっぱいでした。できれば、避けて通りたい話題。でも、お店に入れば、メニューも見えないから、誰かに見てもらわないといけない。今は何してるのって聞かれたら、盲学校の話題になるはず。「昔より見えなくなった」という事実が伝わるのは時間の問題でしたが、それでもなかなか切り出せないでいました。

実は過去に苦い経験がありました。学生の頃にお付き合いしていた男性と久々に会った時、目のことを打ち明けた途端に、態度が打って変わってよそよそしくなり、以来、連絡が途絶えてしまったんです。きっと、この人も私の目のことを知ったら離れていってしまう。そんな寂しいことを再びここで味わうのだろうか。そんな思いが私を躊躇させていたのです。

もちろん、目の前に座っている人と結婚することになるとは夢にも思っていません。それでも、私を訪ねるために実家をわざわざ調べて、足を運んでくれた人。そんな人を失うのはやはり悲しいものです。

「ところで、そっちは今どんな調子なの？」

そんな質問がきた時でした。目の状態を包み隠さず話そうと決心しました。

「うん。実は、あれから目が悪くなってね。今、盲学校に通ってるんだ」

そう話している最中にも、道下君はどう受け止めたんだろう？　相手の反応が怖かったことを今でも鮮明に覚えています。ところが、道下君の反応は、私の想像の域をはるかに超えていました。

「そうなんだ。じゃあ結婚しよう」

……ちゃんと話を聞いていたんだろうか。そう疑いたくなるくらい、出会った日と同じ調子でプロポーズをしてきたのです。離れていくどころか、結婚したいだなんて……。目の不自由な私と結婚しようなんて、いっしょに生活することに不安はないのだろうか？　いや、何も考えてないからこんなことが言えるんだろう！　そう思うと急に腹立たしさを覚えました。

「ねぇ、私が今なんて言ったのかわかってる？　私、今より目が見えなくなるかもしれないんだよ。そんな人と結婚するっていうことが、どれだけ大変なことなのか、わかっていないでしょ！」

それに、よくよく話を聞けば、夫はこの頃、勤めていた会社を辞めてフリーター状態。目が不自由でなくとも、定職に就いていない人との結婚なんかできないでしょう。

「仕事に就いていないんだったら、親はもちろん反対するだろうし、どうやって生活するの？　そもそも、仕事もしていないって……」

その後の話の流れは定かではありませんが、仕事は探している。でも、思うような仕事がなかなか見つからないという内容だったと思います。

「目が見えるんだったら、仕事なんていくらでもあるじゃないの！」

そんな辛辣な言葉を言ってしまったのは、私が、目のことが原因で料理人の道をあきらめざるを得なかったから。それと、心のどこかで、恋愛するのが怖かったから、突き放したんだと思います。

付き合っても目が不自由なことで、いっしょに楽しみを共有できないことがある。それが原因で心に溝ができるだろう。過去にもそんなことがあったから、また同じことで傷つくのが怖かったんです。もうそんな経験はしたくない。好きになってから別れるくらいなら、恋愛なんてしないほうがいい。

「今は、陸上が恋人だから！」

そう言って八年ぶりのプロポーズを断ったのでした。

突然の求婚につれない態度の私でしたが、道下君が一途な思いを胸に、わざわざ訪ねてきてくれたことはうれしく、彼の言葉にもしっかり耳を傾けました。

夫には三つの夢があったそうです。一つ目はミュージシャンになること。これは子どもの頃からの夢で、大学を卒業してからもあきらめきれず、仕事を辞めてバンド活動に専念していた時期もあったそうです。ライブを行ったり、CDを作ったりしたようですが、それでも芽が出ず、泣く泣く断念することに。

二つ目の夢は建築関係の仕事で一旗あげること。現実に失望し、フリーターになっていましたが、これは必ず達成すると話していました。

そして、三つ目の夢が私と結婚すること。これを断念するなんてとてもできない。いや、これこそはけっして断念できない。だから会いに来たというのです。

私といっしょになりたい。そんなことを言ってくれる人がこの先どれだけ現れるでしょう。少なからず、目が不自由なことで結婚できる可能性は低くなったと思っていました。結婚するのは本人同士ですが、家族や親戚との付き合いもあります。目が見えていた頃には想像もしなかったことを乗り越えなければなりません。彼のプロポーズはうれしくもありました。でも、今は彼も勢いで結婚なんて言っているけど、目の見えない相手との結婚生活を、冷静に思い描けばいずれ逃げていくに違いありません。

恋愛や結婚を夢見ても、一瞬の喜びに終わるだけ。傷つきたくなくて臆病になっていましたし、「陸上が恋人」というのもまんざらうそでもなくて、それほど走ることに燃えている時期でした。なので、とりあえずは一人の友人ということで連絡先を交換してその日は別れたのでした。

ところが、彼の私を思う気持ちは揺るぎがありませんでした。私の目のことを理解しようと、勉強をはじめたというのです。本屋や図書館に行っては関連書籍を読みあさり、時にはアドバイスをもらおうと、役所にまで出向いたそうです。

「役所の人に目の不自由な人と友だちになりたい、どう接したらいいんですかって相談したら、普通に接してくださいだって。それがわからないから聞きに行ったのに」

そんな手紙を送ってくれることもありました。後日、引っ越しの準備をしていて、本がたまたま出てきたんですが、目が不自由な人の外出を支援するガイドヘルパーの勉強もしてくれていたみたいです。

電話や手紙でのやり取りがあったとはいえ、陸上の練習が忙しかったこともあり、直接会うことはありませんでした。それにも関わらず、道下君は私のためにここまでしてくれている。私の目のことを理解しようとしてくれている気持ちが、何にも代え難いもののように思えたのです。こんなにも私を思ってくれていることが純粋にうれしくて、私の気持ちは次第に変化していきました。

でも、突拍子もないのは相変わらずで、もうすぐ卒業という時期にこんな電話がかかってきました。

「もうすぐ卒業だね。おめでとう。卒業式はいつ？　行けたら行こうかな」

学校の卒業式なんて普通、親が来るぐらいのもの。知り合いの卒業式にわざわざ出席する人なんて聞いたことがありません。

「え、卒業式に来るの？　まぁ、来ちゃいけんとは言わんけど」

まさか本当には来ないだろうと思っていたら、彼はいそいそ卒業式にやってきたのでした。それもスーツをビシッと決めて。

もちろん、どこの誰ともわからない出席者たち。「誰の家族かしら？」と先生や父母席から聞こえてきます。母からは「あの人と付き合っているの？」なんて聞かれる始末。それでも夫は、気づくと自然に溶け込んでいるのだから感心します。クラスメイトと親と私、それになぜだか彼までいっしょに写っている不思議な卒業写真は、今では大切な宝物です。

夫の予期せぬ行動といえば、こんなこともありました。盲学校を卒業して私がマッサージ店に勤めはじめた頃、「先のことを考えて、私のいる下関に就職をしようと思ってる」と電話がかかってきたんです。その時はさすがに「好きな相手のために勤務地を選ぶなんて、そんな人、私は好きじゃない」ときつめに言って、思いとどまらせました。そこまで言わないと本気で移り住みかねません（笑）。

思い返せば、夫はいつもこの調子でした。いつもまっすぐなんです。変わらないのは、たまに来る電話でも感じていた穏やかな口調もです。私は浮き沈みが多いタイプなので、そんな彼にいつしか惹かれるようになっていました。この人といっしょになったら、三六五日ずっとこんな調子で穏やかな毎日が送れるんだろうな、そう思うようになったのです。

人を好きになることを恐れていた私は、私の目のことを一生懸命にわかろうとして歩み寄ってくれる夫の熱意によって変わりました。再会して四年が経った二〇〇八年、お付き合いすることを決意したのです。

福岡での新生活がスタート

下関と福岡の遠距離恋愛からスタートしましたが、プロポーズ済みの交際ですので、結婚の準備もかねて福岡で二人暮らしをはじめることにしました。

下関を離れるのは、目の不自由な私にとって、想像以上に大きな負担となることでした。住み慣れた街なら、買い物に行くにしても、どこにどんな段差があって、この交差点を曲がった先にスーパーがあるなんて記憶を頼りにできますが、新しい街ではそれを一から覚えなければなりません。

もちろん、それは覚悟していたことでしたが、夫がもともと住んでいた家を取り巻く環境は、あまりにも視覚障がい者にとって悪条件が揃い過ぎていたのです。最寄りのスーパーまで二キロもあります。最初は、夫に付き添ってもらい道順を覚えようと思ったのですが、幹線道路沿いの歩道は右左折の車が多くありました。信号も多くて、踏切もあったりで緊張の連続だったのです。買い物は日常のことですから、毎日こんな道を行き来するのはあまりに危険です。早々に引っ越すことになりました。

土地勘がないことの恐ろしさを思い知らされた私たちは、スーパーや駅まで歩いて行けるか、便利かどうかを入念に下調べして、見つけたのが太宰府市のマンション。さらなる決め手となったのは、「家の隣に公園があるから、ここで走れるね」という夫の一言でした。走ることを続けたいという私の思いをずっと考えていてくれたんですね。

たまに外出を手伝ってくれるヘルパーさんも見つかりました。それでも普通の生活が送れるようになるまでには半年ほどかかりました。

朝は、夫よりも少し早く起きてご飯とお弁当を作って送り出し、日中は、掃除や洗濯、買い物などいわゆる専業主婦として過ごし、その生活に慣れてくるといよいよ走りたくなってきました。しかし、知り合いもなく、なかなかきっかけがつかめません。なにしろ、会話を交わすのは、夫かヘルパーさんかスーパーの店員さんぐらい。このまま自宅とスーパーの往復だけで、自分に都合のいい話が舞い込んでくるはずがありません。自分から仲間を求めて出かけるしかない。そう決めて向かったのが、福岡県の総合福祉センターであるクローバープラザでした。

「いっしょに走っていただける人はいませんか？」

窓口で相談したところ、すぐに二十歳の女の子を紹介してもらえました。こうして毎週木曜は県営の春日公園で、ダイエット目的のその子と走れることになりました。ただ、いっしょに走れたのは三ヶ月ほど。彼女がおめでたとなり伴走できなくなってしまったのです。

次に訪ねたのが、体の不自由な人のスポーツ支援をしている福岡市立障がい者スポーツセンター。ここで驚きの出会いに恵まれました。

「私、フルマラソンを走りたくて、いっしょに練習していただける人を探しているんです」

「フルマラソン？　だったらここにいいやつがいる」

そして紹介してもらったのが、なんとバルセロナオリンピック女子マラソン日本代表の小鴨由水《こかもゆみ》さんでした。由水さんは福岡市のスポーツ指導員をされていて、たまたま勤務の日に運よく、私が相談しに行ったのです。キャリア的にも走力的にも私にはもったいないほどのパートナー。以来、由水さんの練習に参加させてもらい、走れる環境ができたのでした。

走ることを通して福岡に溶け込んでいく私を、さらに後押ししてくれる出合いがありました。それが大濠公園ブラインドランナーズクラブです。

大濠公園ブラインドランナーズクラブ

大濠公園ブラインドランナーズクラブ（ＯＢＲＣ）を知るきっかけを与えてくれたのはヘルパーさんでした。福岡で視覚障がい者の支援をしている南里英治《みなみざとえいじ》さんと、偶然同じ電車に乗り合わせ紹介されたのです。

ヘルパーさんいわく、南里さんとつながれば、世界が広がる！　その言葉通り、南里さんはさっそくＯＢＲＣを紹介してくださり、そこで私の世界は一気に広がったのでした。

ＯＢＲＣは、目が不自由な人とそれをサポートする人たちが集うランニングクラブです。名前にある通り、福岡市の中心にある大濠公園などで活動を行っています。大濠公園は大きな池の周りに一周約二キロのジョギングコースが整備された絶好のランニングスポットです。

今では一回の練習に五十人も集まるほどの大所帯ですが、当時は十五人ほどの小さなクラブでした。三十人以上になったら飲み会をしようね、なんて話をしていたのを覚えています。

メンバーは四〇代をメインに年配の方が多くいましたが、目の不自由なことを感じさせないエネルギッシュな人たちが集まっていました。中には、八十五歳で五キロ走の大会に初エントリー参加された全盲の女性の方がいたり、年齢を重ねてもチャレンジ精神旺盛な皆さんと接するたびに、「私もこうでありたい。負けられない！」と思い、大きなパワーと刺激をもらったものです。

ＯＢＲＣは競技レースを目指してバリバリ走り込むというより、楽しく走ることを通して、目の不自由な人の運動不足解消や社会参加を促すのが目的のクラブでした。そのため私も記録にこだわらず、いろいろな大会に出場することになりました。

ＯＢＲＣに入ってからは、本当に楽しい毎日を送っています。

中でも印象深いのは、二〇一二年の二月のおきなわマラソン。ＯＢＲＣのサポーターである小幡千佳子さんの娘、舞ちゃんと参加しました。当時、舞ちゃんは大学生で福祉に興味があって、たまにＯＢＲＣの練習に来てくれていました。私ととても気が合って、話しているだけでも楽しかったですし、いっしょにプールに行ったりしたこともありました。

そんな舞ちゃんからこんなことを言われたんです。

「私、道下さんといっしょに走りたいんです。でも、私はフルマラソン走ったことないから、道下さんみたいに早く走れません。だから、道下さんに伴走してほしいんです」

「えっ、私が伴走？　どういうこと？」

つまりは、舞ちゃんが目の役割をする代わりに、私がペースをコントロールしたり、リズムを刻んだりして、舞ちゃんといっしょにゴールするということでした。いつも伴走してもらっている私が伴走をする。どんな言葉をかけたらいいんだろう。きちんと務まるだろうか。そんな心配もありましたが、それ以上に舞ちゃんに頼ってもらったことがうれしくて、わくわく感いっぱいに練習を積み、大会に臨んだのでした。

当日は、舞ちゃんも練習の成果があって上々な滑り出し。その後も順調な走りを維持していました。沿道からＡＫＢ48の曲が流れている時は、二人で歌って踊りながら走ったり、米軍基地内を走っている時は、外人さんと舞ちゃんがハイタッチしたり、楽しく笑いながら走っていました。ところが、三〇キロを過ぎたあたりでペースがガクッと落ちてしまいます。俗にいう、三〇キロの壁。急に体や足が思うように動かなくなってしまうのです。苦しそうに走る舞ちゃんを鼓舞しようと、声をかけ続けましたがペースは上がりません。

こうなると舞ちゃんが復活するのを待つしかありません。気力が萎えないよう、無理をさせないよう見守りながら走っていると、舞ちゃんがブツブツと何かを唱えているのが聞こえてきます。

「一、二、三、四、できる。一、二、三、四、できる……」

苦しい最中、懸命に自分に言い聞かせていたのでしょう。疲労困憊《こんぱい》の中、走るリズムに合わせてつぶやいていたのです。

そんな舞ちゃんの言葉につられて、私も気づけば「一、二、三、四、できる」と声を出しながら走っていました。舞ちゃんが途切れそうになったら、ひときわ大きく「一、二、三、四、できるっ！」と舞ちゃんにも自分にも言い聞かせながら走りました。

そんなふうに走っていると、一人、また一人とランナーが私たちの周りに固まってきて、いつしか舞ちゃんと私の周りには、集団ができていました。懸命に走る舞ちゃんと私についてきてくれて、いっしょに走ってくれるんです。

沿道からは、小さな子が「頑張れー、頑張れー」と全身の力を振り絞って大声で応援してくれています。その声に「ありがとうー」と応えた舞ちゃん。次第に舞ちゃんの走りに力強さが戻ってきて、ペースがどんどん上がってきました。

「舞ちゃん、すごい！　動いてきたね！」

思わず、私も声を上げました。途中からは舞ちゃんのお母さんが、重そうなリュックを背負って、「みっちゃん、まいー、がんばれー！」と声をかけながら併走してくれています。

最後は、応援してくれたランナーさんたちといっしょにゴール。舞ちゃんはもちろん、いっしょにゴールした皆さんとも喜びをわかち合いました。その場の一体感は、今でも脳裏に刻まれています。

その時、強く感じたのは、舞ちゃんといっしょにゴールできたという達成感でした。舞ちゃんがゴールしてくれたことが心の底からうれしかったのです。

「これが、伴走者のやりがいなのかもしれない」

伴走を体感できて、舞ちゃんがそう気づかせてくれました。

ＯＢＲＣでは、こうした大会に出場することで、記録を狙う以外の走る喜びを知っていきました。

ただ走ることを楽しむために

走ることの喜びと魅力を多くの人に知ってもらおうと、全国各地で趣向を凝らしたマラソン大会が催されています。例えば、カラーランもその一つ。白いシャツを来たランナーが道中で色とりどりのカラーパウダーをかけられて、カラフルになってゴールするというもの。他にもコースの途中に設けられた、給水ポイントならぬ〝お菓子ポイント〟に置かれたお菓子を食べながらゴールを目指す、スイーツランなんていう〝おいしい〟大会もあります。こういったユニークなイベントの誕生で、マラソンの楽しみ方はバラエティ豊かになっています。

そんな中、私もただ走るだけではなくて、ちょっと変わったマラソンをしてみようとチャレンジしたのが仮装ランです。東京マラソンにもたくさんの仮装ランナーが出場しているので、ご存じの方も多いでしょう。

参加したのは、宮崎で開催される青島太平洋マラソン。この時の私のコスチュームは童話の赤ずきんちゃんがモチーフ。フリフリのスカートに赤いマントを羽織って、頭にはもちろん赤いずきん。OBRCのサポーターで伴走者の守田修二さんは狼の格好です。一二月の大会だったので、私はコスチュームをまとっていても汗みどろになる心配もなかったのですが、伴走者の守田さんは重たい毛皮でしたから、さぁ大変。ちょっと走っただけで滝のように汗をかき、一〇キロ走るごとに「ちょっとこれ持ってて」と私にびしょびしょの毛皮を渡し、汗を拭き拭き一呼吸。人目を引くコスチュームだったのですが、汗まみれの毛皮はいっそう重たくなり、それがまた汗を呼ぶという負のスパイラル（笑）。

「こんなに汗かくとは思わなかった！」

「デトックスですね！　顔やせ効果も抜群ですよ！」

そんなことを言い合いながら、計算違いのハプニングも面白い、笑いっぱなしの四二・一九五キロでした。

この大会でもう一つチャレンジしたのが、沿道にいる皆さんとのハイタッチです。守田さんが「手をあげてー、もう少し上。はいそこ!」と高さを教えてくれます。そこにパチンパチンと地元応援団の学生さんたちが手のひらを合わせてくれて、念願だったハイタッチの感触を味わいました。

仮装ランはその後も何度か経験していて、チアガールの格好をしたこともありました。その時いっしょに走ってくれたのが高木智子《たかぎさとこ》さん。みんなからは「さとちゃん」と呼ばれている下関の盲学校時代の指導員の先生。大会で私の伴走をしてくださったこともあるさとちゃん。お裁縫も得意でその時のスカートもさとちゃんのお手製です。その紺色のスカートにお揃いのTシャツ、黄色いボンボンにド派手な蛍光ブルーのかつらを被って走りました。

実は、この仮装には意味を込めていて、これまでマラソンをしていていろんな方たちに応援していただいていたので、そのお返しとして私とさとちゃんでランナーさんや沿道の皆さんを応援しながら走ろうと、企画したものでした。

スタートからできるだけ先頭付近まで行って、そこから応援開始。最後のランナーまで応援し終えたら、そこから走り出して、また抜きつつ応援。声を枯らしながらクタクタになってゴールしたこともよい思い出です。

応援しているとそれに応えてくれるランナーさんも大勢いました。ゴールした後、女性ランナーの方から、「いっしょに写真を撮ってもらってもいいですか?」と声をかけられ、さとちゃんとほんの一瞬スター気分でハイチーズ(笑)。

「どちらから来られたんですか?」なんてレース後は会話も弾みます。マラソンの魅力はたくさんあります。こうして、同じゴールを目指すもの同士、ランナーの方たちと仲間になれることも大きな魅力の一つです。

舞ちゃんの伴走をさせてもらったり、仮装ランをしたり、この頃はただ走ることを楽しむためにいろいろなマラソン大会に参加していました。そんな私が次にチャレンジしたのは、四二・一九五キロ以上の距離を走るウルトラマラソンでした。

山口100萩往還マラニック

フルマラソン以上の距離を走ってみたいと思うようになったのは、OBRCに一〇〇キロ以上の長距離を走るウルトラランナーさんがたくさんいたからです。ＯＢＲＣに入って最初の頃に伴走してくれた森《もり》国三郎《くにさぶろう》さんもウルトラランナーのお一人。還暦を過ぎているにも関わらずとてもエネルギッシュで、いっしょに走った時も「来月、サロマ湖１００キロウルトラマラソンに出るんだ」ととても楽しみにされていて、後日、完走の話も聞かせていただきました。

　フルマラソンでもきついのに、その倍以上の距離を走るというのですから驚異的な体力といわざるを得ません。それなのに私の周りには一〇〇キロ、一四〇キロ、二五〇キロ、中には五二〇キロの大会に出たなんて人まで、ウルトラランナーがたくさんいるのです。しかも、そのレースの模様を実に楽しげに話されます。一〇〇キロを走ることが特別なことじゃないという人たちに囲まれていると、「なんだか私にもできるかも」と思うようになるから不思議です。

「もっと長い距離を走ってみたい！」

　そんな願望が沸々としていた、そんな頃合いを見計らったような情報が、山口１００萩往還マラニックの開催です。毎年ゴールデンウィーク期間に開かれていて二五〇キロ、一四〇キロ、七〇キロ、三五キロの四種目から距離を選んで走る大会です。私が出場したいと思ったのは七〇キロ。山口県は私の地元ですし、萩は一度走ってみたいと思っていた場所でもありました。ＯＢＲＣのメンバーも私が走ってみたいと言うと、「じゃあ私もエントリーする！」なんて言ってくれて、そんな仲間の後押しもあって二〇一二年の大会に挑戦を決めました。

山口100萩往還マラニックでの伴走者に手を挙げてくれたのは、ＯＢＲＣの仲間が紹介してくれた歯科医師の樋口《ひぐち》敬洋《たかひろ》さんです。樋口さんは、大濠公園で走っているといろんな人から声がかかる人気者。私の伴走を快く引き受けてくれて、そのことをフェイスブックに投稿してくださったりもしていました。たまに、それを見た方から「偉いね」と言われるそうですが、樋口さんは「いっしょに走ると学べることがたくさんあるし、偉いわけでもなんでもない」とおっしゃる優しい方です。

実際に練習の時も「今日は自由に腕を振れた？　足場が悪い時はどんなふうに声をかけたらいい？」なんて、親身になって聞いてくれます。

「私はわがままを言っているんじゃないか？」

そんな思いが心のどこかにありました。目が不自由な私が、走りたいなんて言うこと自体がエゴかもしれない。ましてや、もっと腕を自由に振りたい、こんな声かけがほしいなんて言えない、と思っていたんです。でも樋口さんは、どう伴走したらいいのか、私に積極的に聞いてきてくれますし、もっと自分の意見をぶつけてほしいとまで言ってくれたのです。

さらに、七〇キロを走るにはそれ相応の脚力が必要、ということで樋口さんが長時間、体を動かし続ける練習をするため、大濠公園で活動している「チーム楽々ラン」の練習会に誘ってくれました。いつも練習場にしていた大濠公園から、七〇キロ離れた北九州市の八幡にバスで移動して、そこから走って大濠公園に帰るという実戦トレーニングです。

皆さん、それぞれに仕事を終えてのことですから、集合は二二時。天神バスセンターから八幡まで移動して深夜〇時にスタート。七〇キロ先の大濠公園を目指して、朝九時までに戻ってくるというメニュー、つまり、夜通し走るわけです。練習とはいえかなりの距離ですから、皆さんもさぞかし気を引き締めて参加するはず。私なんて走れるか不安で熱が出たほどで、それなりに覚悟を決めて神妙な面持ちでバスに乗り込んだのですが、なぜか車中は修学旅行にでも出かけるような盛り上がりよう。二十五歳から三十七歳まで十四人。おしゃべりと笑いは現地に到着するまで続きました。私もそれに便乗していたのですが、果たしてこんな調子で夜どおしの距離を走れるのかという不安もありました。

入念な準備運動で体を整えると、樋口さんの伴走でいよいよ七〇キロ先の大濠公園を目指してスタートです。ホタルのように電気をピカピカ光らせながら、安全を確保して走ります。いくら練習とはいえ距離が距離です。ワイガヤは止まるのかと思いきや、どの顔からも笑顔が消えないのです。私もその輪に中に溶け込んで、ついには笑顔を絶やさないまま帰ってきました。

「チーム楽々ラン」の皆さんは走ることを心底楽しいんでいるということを感じました。伴走の樋口さんはこんなことをおっしゃっていました。

「こうやって走る仲間がいて、走れる環境があるって幸せだよね」

本当にそう！　そんな人たちに囲まれていると走ることがいっそう楽しく、みんなといっしょなら苦しいこともそんなに辛くない、そう思うようになっていました。

もちろん、笑顔で取り組んでいても、練習の中身はとても濃いもの。七〇キロ走以外にも、足場の悪い山道の練習など、今までにない過酷な状況下での練習に声をかけていただきました。そうして、七〇キロを完走できる自信がつき、大会のスタート地点に立つことができました。

出会って間もない樋口さんにガイドをしてもらうにあたり心がけたのは、自分のことをしっかり言葉で伝える、ということでした。

「走る時どんなことで困るか、人と接する時どんなことで困るか、だからどんなサポートをしてほしいのか……」

もっと意見をぶつけてほしいとまで言ってくれた樋口さんと、お互いの不安や気持ちを共有することで、二人で走る違和感がなくなっていきました。

大会当日は、たまに霧雨が全身に降りかかってくるようなコンディション。さすがに、練習と本番の緊張感が異なりましたし、コース中には想定していたよりきつい坂の泥道や、滑りそうな石畳などの難所がいくつもありました。それなりに苦しい場面もあったのですが、樋口さんと心を通わせた安心感で、今まで苦手だった山道の下りや石畳の路面、不規則な階段も恐怖心をぬぐい去って走ることができました。

途中、ぬかるみに足がとられて滑ってしまう場所もありました。見えている人でも、ずっこけてしまいそうでしたが、我々はどちらかが滑りそうになったらロープで救い上げることができます。二人のチームワークで、そんな路面もいいペースで走ること

ができました。みんなが疲れて歩きはじめる後半の上り坂も、止まらずに走り切りました。
最後の山を下り終えてからゴールまでの道は、七〇キロの中でも一番ハイペースで飛ばしました。心のどこかでは「もう七十キロが終わってしまうのか」という気持ちにまでなりながら走っていました。
「ゴールは万歳しよう！」
樋口さんの心温まるガイドと仲間たちとの励まし合いで、あっという間の完踏。笑顔いっぱい二人で両手を挙げてゴールへと飛び込みました。タイムは八時間三一分。

「ありがとう。またいっしょに走りたいね！」

ゴールした後、樋口さんと手を握り合ってそんな言葉を交わしました。

残念ながら、無念のうちにリタイヤしてしまった仲間もいたのですが、「頑張ったよ、また来年チャレンジしよう」と苦楽をともにした仲間が口々に励ましているんです。

「ダメでもまた頑張ればいい」

その言葉が私の胸に響きました。一度はブラジルで挫折した競技者としての道。みんなといっしょならもう一度記録を目指して走れるかもしれない。そんな思いが芽生えた忘れがたいレースになりました。

阿蘇カルデラスーパーマラソン大会

山口100萩往還マラニックを走って一ヶ月後の二〇一二年六月に、今度は萩往還よりも長い阿蘇カルデラスーパーマラソンの一〇〇キロの部に挑戦しました。

「いつか一〇〇キロを走りたい！」

サロマ湖100キロウルトラマラソンに挑戦した森さんの話を聞いたとき、私の中ではそんな思いが湧いていました。

ただし、「四十歳までにそんなチャンスがあればいいな」という程度。そんな時、江口裕《えぐちゆたか》さんが阿蘇カルデラスーパーマラソンに初めて参加した時の心境をつづったメールを読む機会がありました。そのメールには、スタートラインに立つ勇気を持とうという言葉が書いてありました。

「いつかいつかと思っていても、自分が動かなきゃいつかは絶対来ない」

メールを読んで「この人といっしょに走りたい！」と思いました。

二〇一二年は弱い自分を払しょくするチャレンジの年。苦手だった下り坂も萩往還マラニックを走ることで克服できましたし、一〇〇キロ走れたら、自分の中でまた何かが変わるかもしれない。

「走るウルトラ飲兵衛」の異名を持つ江口裕さんは超ベテランランランナーでいて、その異名が示すとおり、お酒が大好きなランナー。「お酒をおいしく飲むために走っている」とご本人はうそぶき、周囲の人たちは「お酒が馬力につながっている」とささやく左党ランナーです。そのパワーはまさに鉄人。実際、阿蘇では何度も完走、川の道フットレースという大会では五二〇キロを走破したこともある健脚ぶりです。

それまでほとんど会話をしたことのなかった江口さんですが、阿蘇カルデラスーパーマラソンに出たいと話すと、「出たいならいっしょに走っちゃーよ」と伴走を快く引き受けてくださったのです。

「ただし、俺もエントリーする」

伴走者はエントリーしなくても走れるのですが、江口さんはそう言うのです。きょとんとする私にこんな言葉を続けました。

「伴走じゃなくて俺も走るったい。それについてこられるんやったら、いっしょに走っちゃーよ」

伴走をしてあげるのではなく、自分も走るから俺についてこい。そんな心意気に応えるためにも、必ず完走しよう！　江口さんのおかげで闘志が湧いてきました。

「伴走じゃなくて」と言われたものの、二人での練習は、本当に大会二週間前ぐらいからでした。

「こんなん初めてなんですけど、大丈夫やろか（笑）」

もうこれは恒例になっているのですが、会場の阿蘇へは仲間とともにバスを借り切って出かけます。出発とともに乾杯して、道中はもちろん、宿泊先のホテルでもまた宴会。前日にこんなに飲んで本当に走れるんかいなと思いつつも、あまりの楽しさについグイグイ。毎回、この調子で完走してしまうのですから、信じられない人たちです（笑）。

初めての阿蘇はランナーにとって絶好のコンディションの曇り。二人での練習は少なかったものの、個人的にはそれなりに練習をしてきて自信を持ってスタートラインに立ちました。

江口さんのリードも完璧で五〇キロ、六〇キロと順調なペース。途中で、おそばやおにぎりをパクパク食べながら走りました。ところが、七〇キロ過ぎに異変。これが一〇〇キロの洗礼なのか、いつもと違う足の違和感がやってきました。

「痛みをこらえて走ることになる！」

これはまさに江口さんがスタート前におっしゃっていた事態でした。足が痛くて下り坂が辛い。土ふまずが相当膨らんでいる気がしました。

その頃には食欲も落ちて、エネルギー不足が心配に。すると、江口さんが紅茶とチョコバーをくださいました。まったく食欲がなかったのに、これはおいしく食べられるから不思議。

さらに自分でも驚いたことには、走りながら睡魔が襲ってきました。ずっと同じようなリズムを刻んでいるからなのか、疲労からなのか、あくびが出てきて、伴走用のロープを頼りにこっそり半眠りで走ったりもしていました。その眠気は、江口さんの〝ドラえもんポケット〟から出てきたガムを噛んだらパッチリ回復。ウルトラマラソンを知り尽くしている江口さんならではの配慮でした。

未体験の距離だけに、足にも相当の負担がかかっていたのでしょう。終盤になると、さらにふくらはぎが硬くなってきて、特に下りはつりそうになるのをこらえながらの走りでした。八五キロを過ぎると最後の難所である、急激な下りが待っています。

こんな坂で足はどうなってしまうのだろう。そんな不安を抱えてその坂に差しかかった時でした。

「みんな、ここで足がやられるけん、歩くぞ」

阿蘇を何度も経験している常連の江口さんの言葉。最初は歩くなんて考えていなかった私は、悔しい思いと葛藤しました。でも結局、足が言うことを聞かず、江口さんの言葉通り歩くことにしました。

「さぁ行こうか！」

残り八キロ、平坦になってから、江口さんの合図とともに再び駆け出しました。

「沿道の横断幕に『痛くない！』って書いてあるばい」

「なーんだ、痛いのは私だけじゃないんだ」

そう思ったら、笑いが出てきて足も動きはじめました。休んだおかげか、うそのように足も軽いんです。面白いように足が前に出て、グングンスピードが上がります。最後は、一キロ五分ほどのハイペースで、前のランナーたちをごぼう抜き。その時の、風を切って駆け抜けた爽快感は最高でした。

両手をあげて「やったー！」とゴールした瞬間、先にゴールしていた仲間たちに迎えられて涙があふれました。痛くて辛かったぶん、感動のゴールでした。

タイムは一二時間二三分。およそ半日かけて走りきった達成感とともに、萩で感じはじめた思いが確信へと変わりました。

「私はこの仲間といっしょに『記録』を目指したい！」

一度はブラジルで挫折した競技者としての道を、再び歩もうと決意したのは、仲間

が背中を押してくれたからでした。

萩往還マラニックの伴走者、樋口さんとはその後もいっしょに走るようになっていました。私が競技レースに挑戦したいという思いを話すと、「みっちゃんが記録を狙って走るなら、僕も頑張るよ」と言ってくれました。いくら私が走りたいと思っても一人では無理です。樋口さんの一言はとてもありがたいものでした。

そして江口さんにも背中を押してもらいました。

「フルマラソン以上の距離はスピードが出なくなるから、みっちゃんにはもったいない。マラソンで記録を狙えるなら絶対に挑戦したほうがいい！」

そうアドバイスをしてくれたばかりか、もう一人伴走者がいたほうがいいと知人を通じて、元九電工陸上競技部の國武良真《くにたけよしまさ》さんを紹介してくれたのです。

ＯＢＲＣやその縁で知り合った方々と走っているうちに、蘇ってきた競技レースへの情熱。それをバックアップしてくれる仲間にも恵まれ、いよいよフルマラソンの競技レースで戦うことを決意しました。

第6章 競技者としての覚悟

記録を目指して動き出す

中距離走をやっていた時、記録を狙って走ることにプレッシャーを感じて、走ることの本来の楽しさを見失っている時期がありました。そんなスランプから脱出できたのは、走ることが何より好きなマラソン仲間と出会えたから。そして、どんな時も応援し続けてくれる地元の皆さんの支えがあったからです。練習から大会本番までチームを応援してくださる一体感が、記録に対するプレッシャーを乗り越える原動力になっています。

「フルマラソンで頑張ってほしい。記録を狙えるならぜひ挑戦してほしい」なんて声を聞いていたら、すっかり気力が回復して「みんなで記録に挑戦したい！」という気持ちが生まれていました。

「どうせなら私の地元である下関海響マラソンで記録を狙いたい！」

下関はタフなコースで記録が出づらいといわれています。

「なんでよりによって下関を選ぶんだ」

みんなから不思議がられましたが、私にとっては思い入れのあるコース。はじめてフルマラソンに挑戦したのが下関海響マラソンでしたし、地元の皆さんの応援があればテンションも上がって百人力です。

「下関なら最高の走りができるはず！」

下関海響マラソンに向けての練習では、インターバルトレーニングやビルドアップ走、さらには愛宕《あたご》神社の階段を何度も駆け上がったり、台風に逆らって走ったり、糸島でジェットコースターのようなアップダウンの多いコースを引っ張ってもらったり、國武さんのメニューをこなしつつ、仲間がいろんな練習会を企画してくれてバラエティに富んだ練習をさせてもらいました。

江口さんが知人を通じて紹介してくれた國武さんは、九電工陸上競技部の女子部でコーチをされていた経験があり、私の資質もすぐに見抜いて的確な指導を行ってくれました。選手としてのキャリアも豊富で、伴走者として本当に頼もしい存在でした。

今回の伴走者は、スタートから一四キロまでを國武さん、一四キロから一九キロまでを盲学校の長峯先生、一九キロからゴールまでを樋口さんの三人で臨みました。そして、國武さん、丸山さんにはゴールまでずっと並走していただきました。

目標タイムは三時間一四分五九秒に設定。三時間一五分を切れば、ランナーたちの

憧れである大阪国際女子マラソンへの出場権が得られるからです。

スタートしての序盤は、ずっと海岸線を走ります。ここは海からの強い向かい風が襲ってくるところ。

「これはきつい！」

そう思っていると、私が少しでも楽に走れるようにと、國武さんがわざわざ伴走しづらい、集団の中に入って走ろうとおっしゃってくれました。

とはいえ、自分のペースを刻んでいると集団からずれてしまいます。そんな時は、並走してくれている丸山さんが私の前を走ってくれました。

丸山さんは宮崎の青島太平洋マラソン

で偶然出会って以来、練習で伴走してくださるようになったランナーですが、普段は大学で教鞭をとっているだけに、〝生徒〟の私を誘導するのも上手（笑）。まだ私が記録を狙ってレースに出るようになる前から「みっちゃんなら三時間を切れる！」と言ってくれていました。

そんな丸山さんと私の身長差は約三〇センチ。丸山さんの大きな背中は、どんな風もさえぎってくれます。

八キロ地点のヘアピンカーブからは、一気に追い風に変わります。ここは応援も多くて、過去四回のレースでも自然とペースが上がった場所。

「落として、落として！」

國武さんと丸山さんから同時に声がかかりました。

「こんなところで頑張らない！　後半のためにペースを刻むことが大事。どんなに飛ばしたくてもここは我慢、我慢」

マラソンのスペシャリストである二人を信じて、飛ばしたい気持ちを抑えました。どんなに応援を受けても、どんなにたくさんの人に追い越されても、ペースを変えずに走るというのは意外に大変です。ただ、おかげで前半はとても楽に走れました。

福岡からはたくさんの仲間が応援に駆けつけてくれていました。タクシーを使っていろんな場所に出没して写真を撮ってくれたり、応援が少ない区間ではのぼりを振り回しながら、いっしょに走ってくれたり。また、ブラインド仲間は独特の音の太鼓や鳴り物で、見えないからそちらで見つけてね、という感じの応援スタイルです。

ローカルな話ですが、応援にも地域のカラーがあって、下関の人より、福岡の人の応援ってなぜか目立つんです。特にOBRCの応援団は、どの応援よりも大きな声で「ここにいるぞアピール」がすごい（笑）。

それでも見逃すことがあるので、友だちには「伴走者を名前で応援してね」と言っています。伴走者の名前を知っているのは、私の友だちだとわかりますし、伴走者への応援は私にとっても励みになるんです。さらに伴走者も、私が頑張れるように応援してくれている人たちの情報を伝えてくれます。

「五〇代の白髪のおやじ。のぼり振っていっしょに走ってくれてるよ」

「あ、それ江口さん！」みたいにわかります（笑）。

ランナーをガイドするだけじゃなく、私たちの目の代わりになって、いろいろな視覚情報を伝えてくれる伴走者。その言葉で私の体からパワーがみなぎり、気持ちの面でも大きくプラスになります。マラソンは最後は気持ちで走るものですから。十四キロから走ってくださった長峯先生は、この日のためになんと八キロの減量！ぐいぐいリードしてくださいました。

そして十九キロからの樋口さんは、左手の甲に伴走するコースの高低差のグラフ、そして三時間一五分を切るための各地点の通過タイムを油性ペンでみっちり書いてくれていました。

手先が器用な樋口さんは、給水もとってもスムーズです。まったくスピードを落とさず、コップを取って渡すのってけっこう難しいんです。三〇数キロの地点にあるコップも上手にキャッチしました。でも、その中には、水でもスポーツドリンクでもない、そうめんが入ってました。

「勢いでそうめんとっちゃたけど、みっちゃん食べる？」

「それはいらんやろ！」

戸惑う樋口さんに併走する國武さんが振りむいてツッコミを入れます。思わず吹き出しちゃいました。私はとりあえず手を振り「いらない」と答えると、樋口さんは道端にそうめんを捨てることもできず、片手でお汁ごと飲もうとして、お汁だけを飲み干す結末に(笑)。樋口さんと走ると、楽しいハプニングもいっぱいです。

下関は二〇キロから後半は坂道だらけ。何度も足が固まるような上り坂が襲いかかってきます。國武さんからスタート前、三時間一五分を切るために、「どんな上り坂も一キロ五分は絶対かからないようにしないと難しい」と言われていました。だからどんなにきつい上り坂も、五分を切って刻んできましたが、とうとうペースが落ちてきて心が折れそうに。そんな時、樋口さんはこんな作戦に出ました。五分以上かかっていても、私の気持ちを切らせないように、「四分五八秒、まだ押していけてるよ！ピッチ戻してピッチ戻して！」なんて声がけしてくれたんです。マイナス思考にならないよう私への気配りでした。そのおかげで下り坂でまた四分三〇秒台まで戻しました。

下関海響マラソンは、折り返し地点が三つあってランナー同士のすれ違いが多いコースです。同じように苦しい思いをしているランナー仲間も「みっちゃん、がんばれー」「三時間一五分、いけるよ！」と惜しみないエールを送ってくれます。

「きついはずなのに、なんで声出せるの!?」

皆さんそれぞれの目標があるはずなのに、そうやって応援してくれる。マラソンはなんて素敵なスポーツなんだろうっていつも感動します。

あと四キロという標識が出てきた時は、「あと大濠公園二周ぶんだ！」ってうれしくなりました。その時点でまだ、タイムに余裕がありました。このままいけば三時間一五分を切れる。誰もがそう思ってました。

ところが、だんだん足が動かなくなっていきます。

「集中力、集中力！　今まできつい練習いっぱいしてきたから、ここ頑張るよ！」

樋口さんが私の心を奮い立たせてくれます。

併走してくれている國武さんは、周りのランナーもびっくりするような声で「絶対いける！　絶対いくよ！　ピッチ刻んであとは気力！　気力でついてこい！」って、なぜか最後は命令口調に！

同じく併走する丸山さんは、三時間一五分をぎりぎりで切れるペースをずっと刻んでくれていました。そして、何度も何度も大きな声でゲキを飛ばしてくださいました。

残り三キロ。このままいけばきっと大丈夫。でも最後に坂道が……。

残り二キロ。あと十分。ガタガタの道で足がとられそう……。

残り一キロ。「これ以上落ちたら三時間一五分を切れない！」そんな声が聞こえま

した。

カーブを曲がって残り五〇〇メートル。ものすごい向かい風が襲ってきました。足が固まってきた、もうダメだ……。

「みっちゃんがんばれ！　もう少し！　もう少し！」

その時、大きな声が聞こえてきました。この声はそう、ＯＢＲＣのみんながゴール前まで駆けつけてくれていたのです。

意識がもうろうとする中、最後の気力を振り絞ってダッシュしました。ゴールした瞬間、足の力が抜けて私はその場に倒れてしまいました。

「やったよ！　みっちゃんやったよ！」

救い上げられた時、みんなが喜んでい

る声が耳に届きました。

結果は三時間一四分五四秒。ぎりぎり一五分を切ってのゴール。理想通りのレース展開で、まさにチームプレイで勝ち取ることができた大阪国際女子マラソンへの切符でした。

日本盲人マラソン協会からの打診

下関海響マラソンの後、私の元に一本の電話がありました。それは日本盲人マラソン協会からの思いがけない内容でした。

「女子の視覚障がい者マラソンがリオデジャネイロパラリンピックで正式種目になるかもしれません。もし、道下さんがパラリンピックを目指して走るという気持ちがあるならば、日本代表選手を目指して、いっしょに頑張りませんか？」

そうです。それは日本代表の強化指定選手への打診の連絡だったのです。日本代表という言葉を聞いた瞬間、私は鳥肌が立ちました。一度あきらめた世界の舞台に、もう一度立てるかもしれない。

「頑張っていれば、チャンスは巡ってくるんだ！」

もう大興奮です。ちょうど一ヵ月後の大阪国際女子マラソンに向けて、記録を目指した練習をしていた時でもあり、すごくいいタイミングでした。

電話を受けて満面の笑みを浮かべている私を見て、夫が横から「何の電話だったの？」と聞いてきました。もううれしくって、うれしくって、相当ニヤニヤしていたんだと思います（笑）。

私の中ではやってみたいという気持ちが高まっていたのですが、夫ともきちんと相談しておかなくてはなりません。強化指定選手となれば、合宿なども あり競技にかける時間が増えて生活が変化します。夫の理解とサポートがなければやっていけないと思ったからです。

「リオのパラリンピックから視覚障がい者の女子マラソンがはじまるかもしれないんだって」

夫に電話の内容を詳しく説明しました。

「やりたいの？」

「うん。やりたい」

「本気でやりたいと？」

「うん、でもね。本気でやるってことは、大変なんだよね」

「で、何を悩んどーと？」

「ご飯作れなかったりとか、生活の優先順位が変わるかもしれない。家をあけることも増えると思うし……」

「家に負担をかけるとか、年齢的に出産のことがとか、家族や周りのことが気になって気持ちが揺らぐぐらいだったら辞めとき。誰に何を言われても、説得するぐらいのやる気がないんだったらたぶん中途半端になるから」

私はハッとしました。

「私、やりたい。やらせてください！」

「あんなうれしそうな顔を見たら、止められんやろ（笑）」

夫は続けました。

「でも、約束してほしい。パラリンピックへの夢が叶っても叶わなくても、その目標意識が萎えた後のことも考えながら進んでね。僕はみさちゃんといっしょだったらどんな人生でも楽しい。でも、笑顔じゃないみさちゃんを見るのは辛いから」

この人と結婚してよかった。主人は、いつも大きな愛情で私を包んでくれます。そして、目先のことで舞い上がってしまう猪突猛進型の私の性格をよく知っています。リオパラリンピックが終わって燃え尽きて、その後、何も手につかない……。そんな私の姿が夫には見えたんでしょう（笑）。確かに私は、その時、リオに向けて頑張りたいということだけで頭の中がいっぱいになっていました。なので、一歩引いたところから冷静に私のことを見てくれている夫のアドバイスにはとても感謝しました。そんなふうに私のやりたいことを応援してくれて、私の人生のことも考えてサポートしてくれる夫がいることに、幸せを感じています。

強化指定選手として臨んだ大阪国際女子マラソン

次なる挑戦、大阪国際女子マラソンは下関海響マラソンの二ヶ月後でした。大阪国際といえば、女子マラソンの花形の大会です。テレビでも注目される有名ランナーと同じスタートラインに立てるのが楽しみでしたし、中距離走で頑張っていた頃に走った長居陸上競技場で再び走れる、という喜びもありました。

大会前に、日本盲人マラソン協会から強化指定選手の打診をいただきましたが、以来、公認記録の残る大会では、競技者としてのルールを厳密に守ることが必要になってきます。特に伴走に関する現行の規則では、伴走者は一レースにつき二人まで、伴走者の交代場所は一〇キロ、二〇キロ、三〇キロいずれかの地点に限る、などがあります。

さらに伴走者はランナーが一人で行えないタイムキープや給水の役割はオーケーですが、助力となってはいけないことになっています。

実は、五〇〇〇メートル走で伴走者の方が同時にゴールラインを越えてしまい、これがルールに引っかかり失格になった苦い経験があります。ルール一つを見誤り、せっかくの努力が水の泡になるというのは是が非でも避けたいところ。強化指定選手になって以来、現行のルールをしっかり守る意識が芽生えました。

みんなと相談した結果、大阪国際では、國武さん一人に伴走してもらうことになりました。下関で三時間一五分を切れたので、大阪国際は三時間十一分五九秒を目標にしようと國武さんから練習メニューが送られてきました。「このタイムでいくぞ！」と言われても、準備に二ヶ月しかないわけで、正直、手応えを感じたのは二週間前。ここからは自己暗示（笑）。練習の時は、長居陸上競技場を軽快に走って笑顔でゴールする自分をイメージしてました。絶対いけるはず！

下関よりコースが平坦で記録が狙える大会と聞いていたので、いけるかもしれないという思いもありました。

大阪にもＯＢＲＣの仲間や仮装ランをいっしょにした下関のさとちゃんが来てくれて、前日にはみんなでご飯を食べに行きました。その会場には、なんとみんなの寄せ書き入りの横断幕が用意されていました。

「なに、このサプライズ！」

そのメッセージをさとちゃんに一つずつ読んでもらうと、私はいつものように号泣。

「すごいね、よかったね」と國武さんの優しい声。

「あーやられたー、みんな本当にありがとう！」

涙をぬぐっていると店員さんに「お飲み物は？」と聞かれました。私が温かいお茶を頼む横で、國武さんは間髪いれずビールを注文します。「飲んで大丈夫なんですか?」と心配する私に、「一杯ぐらいはいいんだよ」と言いながら二杯目を注文する國武さん。國武さんにとっては、三時間かかるレースはジョギングみたいなものなんでしょう。

そんな國武さんを横目にみながら、私はご飯をしっかり食べました。そろそろ帰る頃かなと思っていると……。

「じゃーいきますか!」なんて言って國武さんが追加注文をしはじめました。

何がはじまるのかなと思っていると、でっかいおにぎり四つに、焼そば、お好み焼きなど、炭水化物メニューがテーブルにずらりと並べられていきます。

「誰が食べるんですか?」

「なに言ってんの、明日のためにエネルギーを蓄えんと!」

「えっ、私ですか!?」

これは私の食べる量を見て、足りないなと思った國武さんの心遣いでした。

マラソンのような長時間の運動では、炭水化物が主なエネルギー源になります。レース中に、それが枯渇すると致命的です。そこで、そのエネルギー源をできるかぎり体に蓄えて置くために、私はカーボローディングという調整法を行います。

私の場合、レースの一週間前から食事を切り替えて、まずはたんぱく質や野菜中心の食事にします。一度、炭水化物を極限まで減らすことで、体から炭水化物（グリコーゲン）をあえて枯渇させるんです。当然エネルギー不足になり、練習では体が動かずきつくなります。そこでこの期間は練習量を減らし、レースの数日前からは逆に炭水化物を大量にとりはじめます。

一度枯渇したエネルギー源が、今度は一度に体に流れ込んでくるので、吸収がよくなり食べても食べてもお腹がすく状態になります。お腹いっぱい食べることでどんどんエネルギーが蓄えられていくということで、この日、私はタヌキのようにお腹がパンパンに膨れ上がった状態でお店を後にしました。

それでも朝になるとお腹はすっかり平らになるから不思議です。そんなサポートもあって、大会本番はベストコンディションで臨めました。

視覚障がい者ランナーの先駆者

四章で書いた通り、二〇〇九年の国際盲人マラソンかすみがうら大会で出した私の記録が、女子の視覚障がい者マラソンの日本最高記録だと思い込んでいました。しかし、どうやらもっと速い人がいる。そんな噂が私の耳に入ってきたのは二〇一二年のこと。

「大阪国際女子マラソンで伴走つけて走っとー人がおったんよね」

そう江口さんがおっしゃいました。

「えっ、そんな人がいるんだ」

その後、日本盲人マラソン協会の方から、女子視覚障がい者の国際ランナーには、西島美保子選手という先駆者がいることを聞きました。以来、私がずっと目標にしてきた唯一の国際ランナー、西島さんにこの大阪国際女子マラソンでようやくお目にかかることができます。

「私以外にも大阪国際を走るブラインドランナーが出てくるのを、ずっと待っていた！」

大会前に西島さんと電話でお話しすることができて、そんなことをおっしゃってくださいました。

当日は感激の対面を果たすと、不慣れな会場でいっしょに行動してくださることになりました。控え室は男女でわかれますから、伴走者と離れてしまうことになるのでとてもありがたい申し出。西島さんのアドバイスのおかげで、給水のスペシャルドリンクを別テーブルに用意してもらったり、不安なく大会に臨むことができました。

とはいえ、西島さんとはレースの上ではライバルです。心の中では、西島さんに勝ちたいと思っていましたから、「西島さんをマークしてください」と國武さんにお願いしました。

アップをはじめて感じたのは、とても体が軽いということ。

「國武さん、今日は足がめっちゃ軽いです。やばいっすね！」

そして、今のコンディションをしっかり伝えます。

「昨日辛いものを食べたからか、のどが渇きます」

「じゃあ給水は早めからとろう」

國武さんが作戦を考えてくれます。

「序盤はアップだから軽くね、軽く。頑張り過ぎちゃだめだよ」

そう序盤はウォーミングアップのつもりで。三〇キロ付近で大阪城が見えてからが本当のレース。そんなことを自分に言い聞かせながらスタートラインにつきました。

一二時一〇分、号砲とともに一斉にランナーが走りはじめました。競技場を後にして道路に出ると「ちょっとわだちがあるから右いこ右。右、右、はいそこ!」と少しでも走りやすい路面へと國武さんが誘導してくれます。そして直線が続く時は、私が気持ちよく走れるようにペースがいいことを褒め伝えてくださいます。

「おーいいねー。動いてるねー。一キロ四分二二秒、めっちゃいいペース。楽ならこのまま行こう」

調子に乗って私が気持ちよく走るとさらにこんな感じ。

「やるねー。めっちゃ体軽いやん。でも、まだアップやけんね、アップ。楽にいこう」

こんなふうにずっと声をかけてもらいながら走っていると、なにかよい脳内物質でも出ているのでしょうか。あっという間に時間が経っていきます。

マークしていた西島さんは前半からペースが早く、距離が離れて不安になる場面もありました。

「視界にいるから大丈夫、大丈夫」

國武さんはそう言って、私を安心させてくれました。

大阪の前半は、冷たい風を受けながらゆるい下りが続きます。ラン日和とはいえ冬。風に当たって体温を奪われたくなかった私は、ずっと集団の後ろにつけていました。

一〇キロ過ぎたあたりで、國武さんが気持ちよくなったのか、なんと鼻歌を歌いはじめました（笑）。曲は、私の大好きなＺＡＲＤの「負けないで」です。でも、その選曲はまだ早すぎると思った私（笑）。

「まだ早い！」とツッコミを入れました。

そんな冗談のようなやりとりをしているうち、あっという間に一五キロ地点まできてしまいました。

「みっちゃ～ん！」

そう、この声はＯＢＲＣのみんなが待ってくれている地点です。ここは笑顔で声援に応えて、みんなからパワーをもらいます。

二〇キロを過ぎたあたりからは、西島さんの背後を金魚のフンのようにピタッと追走。三〇キロまでは、ずっと西島さんの後をついていく形で、つかず離れずの距離を保つことになります。

前半、私もいいペースを刻めていました。西島さんの動きを気にしつつも、リラックスしながら走れたのは國武さんのおかげでしょう。沿道の人に「伴走、頑張れ！」なんて言われると、「オレ、頑張ってるよ～」なんて横でぶつぶつ言っています。それもまたおかしくて。

そういえば沿道からは、いろんな場所で「道下さーん」「美里さーん！」なんて声が聞こえてきました。私の名前を知っている人がこんなにたくさんいる。私そんなに有名人？　いやいや、そんなわけがありません。福岡のランナー仲間が地元の知人たちに声をかけてくださっていたんです。

それに西島さんが、友人や地元のラジオを通じて、「私の後輩が走ります。皆さん道下さんを応援してください！」と呼びかけてくださっていたそうです。

また樋口さんらは、地下鉄を駆使して、いろんな場所に現れては写真を撮ってくれます。

「あれっ、また樋口さん？」

そんな感じで、みんながあらゆる場所に出没するので、私も國武さんも気を抜く暇なしです（笑）。

リラックスしている一方で、二五キロくらいで少し不安が頭をよぎりました。

「下関の時より、ずいぶん速いペースで飛ばしている。これ最後まで保つだろうか」

でも、ここまで来たら、変にペースを落としたくなかったので、西島さんには絶対ついていく！　そんな思いで三〇キロまで走りました。

三〇キロを過ぎると、國武さんの鼻歌がぴたりと止まりました。

「大阪城が見えてきたよー」

本気モードに変わる合図です。みんなの声援が聞こえてきて、さぁスイッチオン。ここからが本当のレースです。

「いくよー」と國武さんが給水をとってから西島さんの前に出ました。きつかったんですが、「ここは、ちょっと頑張れ」と國武さん。西島さんが見えなくなるまでペースを上げました。

「貯金がかなりある。このままのペースを刻めたら三時間一〇分を切れるよ!」

三時間一〇分を切るというのは思ってもいないタイムでした。三時間ゼロ分台が間近と思えば、自ずと気合いも入ります。そこからは目の前の一人ずつを目標にしていきました。

「五メートル前にいる、赤いユニフォームのあの人まで頑張ろう」

「二〇メートル前に集団がいる。あれを抜いたらかっこいいな」

そんな調子で標的を國武さんが見つけるので、私はそこまで頑張ろうと必死に足を動かします。

三五キロ過ぎからは、呼吸も乱れて意識がぼーっとしていました。ピッチが落ちてくるたびに、応援してくれているみんなの顔を一人ひとり思い浮かべながら走りました。

「このペースでいけば、三時間一〇分を切れる！」

國武さんは、常に私の気持ちを切らさないよう声をかけてくれました。

競技場で待ってくれている人がいると思うと自然に足も動きます。あと三キロというところで、ふらっと集中が切れて倒れそうになりました。

「おーっ、危ない！」

ロープを國武さんが引っ張ってくれて間一髪セーフ。転倒は免れましたがもったいないタイムロスです。

四〇キロを通過した時点で、二時間五九分ぐらい。あと一〇分で二・一九五キロ。少しペースを上げないと間に合いません。三時間一〇分を切れるかどうかは自分次第。

「頑張ればいけるよ！　いけるならいけ！」

熱いエールをもらい最後の力を振り絞ります。下関を彷彿とさせるようなレース展開。いける！　でも余裕はまったくありません。もがきました。一人で戦っているんじゃない。みんながいるから私は頑張れるんだって、心の中でそんな感謝の気持ちがいっぱい込み上げてきました。

「競技場が見えてきたよ！」

そう言われると実際には見えていない競技場が、私の目にも見えてくるような気がしました。

競技場に入るとものすごい大歓声です。何を言っているかはわからないけれど、とにかくたくさんの人が応援のゲキを飛ばしてくれています。テンションは最高潮。

「私、長居陸上競技場に、無事帰ってこれた〜」

胸がいっぱいになりました。もう少し頑張れば、目標に届く。

「まだまだ動く、動くじゃん！」

夢にまで見た長居陸上競技場のゴールが間近。トラックに入ってからは、私が主役ぐらいの気持ちで最後のギアを入れました。大声援を受けながら最後の三〇〇メートルはきつかった練習を思い出して走りました。

「いける、いける、いける、いける！」

横で國武さんが連呼する中、ゴールを切りました。結果は三時間九分五五秒という、予想以上の好タイムでした。

ゴールした直後、赤い大きなバスタオルで身を包まれた私。

「あーこれは、テレビで見たことある光景だ〜」

そう思ったら、感極まって抑えきれない涙があふれてきました。湯水のように湧き出てくる涙をぬぐい、必死に息を整えて、國武さんと握手を交わしました。

「國武さん、ありがとう！」

ゴール地点では、くちゃくちゃな顔の写真もたくさん撮ってもらいました。後から写真を見せてもらうと、ゴールした直後、スタンドでみんなが万歳をしてくれていました。

スタートする前、西島さんは「私を抜いていってね」という言葉をかけてくれました。第一線で活躍されてきた西島さんからの言葉は、私に勇気を与える大きな大きな応援メッセージでした。彼女がこの大阪を初めて走った十年前は、ロープを持った伴走者がいっしょに走ることも認められていなかったそうです。当時は、ナンバーカード（ゼッケン）をつけた選手が並走して走っていたそうで、しかも女性ランナーの伴走者は女性でなければならないという制限があったそうです。

西島さんが先駆者として実績を作り、女子の視覚障がい者がブラインドランナーとして活躍できる場を開拓していってくださったからこそ、今、私たちはこんなふうに盛り上がることができるのです。

二〇一五年五月、西島さんは還暦を迎えました。六十歳でパラリンピックを目指して走る大先輩。みんなの夢を乗せて走る、こんなかっこいいランナーに私もなりたいです。

第7章

世界を目指して「チーム道下」結成！

伴走者二人が異動になる

二大会連続で自己ベストを更新した私が、次のターゲットに選んだのは二〇一四年の防府読売マラソンです。「この勢いでいくぞー」という気持ちで練習に取り組んでいたのですが、ここで予想もしなかった事態が起こります。

なんと、それまでずっと私の伴走をしてくれていた丸山さんと國武さんの転勤が決まったのです。

「もしかしたら、転勤になるかもしれないよー」

そんな話をちらりと聞いてはいたものの、なにも調子を上げてきたこんな時期じゃなくても……。それも、二人いっしょに転勤になってしまうなんて!

「伴走者がいなければ、私、走れない。どうしよう」

これから探すといったって、息の合う伴走者が簡単に見つかるわけがありません。私はどうしたらいいのかわからなくなりました。

「このままじゃ、みっちゃんが走れなくなる!」

そんな窮地にあって、江口さんや樋口さんをはじめ、ＯＢＲＣの仲間がいろいろな人に声をかけていっしょに走れる人を探してくれました。マラソンを通じた人とのつながりって本当に広いんです。みんなの呼びかけのおかげで、練習に付き合ってくださる仲間が見つかりました。

その一人が縣《あがた》さんという福岡県庁に勤めている方。縣さんは山口100萩往還マラニックの二五〇キロレースなどにも出場している方で、よくいっしょに山を走ってくださいました。山を走ればアップダウンで足腰が鍛えられるし、体幹も強くなるんです。

また、OBRCの方から元九電工陸上競技部の方なども紹介していただきました。そして萩往還マラニック以来、伴走をしてくださった歯科医の樋口さんもいます。「前もって予定がわかれば、自営業だからどうにかなるよ」樋口さんには、貴重な週末の午前中、毎週のように練習に付き合っていただいています。お昼からは家族との時間。伴走にご理解いただき送り出してくださるご家族にもいつも感謝しています。

横浜に転勤してしまった丸山さんは、福岡出張の時には必ず連絡をくださいました。一泊二日という忙しいスケジュールの中でも、「この後、飲み会があるんだけど、その前にちょっと走ろうか」なんて電話をくれて、いっしょに走ってくださることもあります。

そんなふうに周りの人たちが、私のことを一生懸命考えてくれるおかげで、私は走り続けることができるんです。

防府読売マラソンでの挑戦

防府《ほうふ》読売マラソンは、その年、二〇一三年にはじめてブラインドランナーを正式に受け入れてくれた大会です。視覚障がい者を受け入れるには、運営サイドもさまざまな準備や対応が必要になります。

それでも、私は地元山口の開催で歴史ある防府読売マラソンに出たい、私たちブラインドランナーも走れる大会になってほしいと、ことあるごとにランナー仲間に伝えていました。それを知った江口さんが、前年の防府読売マラソンで親しくなった防府市の松浦正人市長に直接電話して「防府読売マラソンで視覚障がい者を正式に走らせてくれませんか？」と直談判してくださったのです。

そうしたら翌年、なんと大会の要綱が発表される際、「今年は視覚障がい者を受け入れます」というニュースが流れたんです。びっくりした私は、早速、江口さんに電話をしました。

「防府の松浦市長が動いてくれたんだろう」

私はもう地元で走れるということがうれしくて仕方ありませんでした。江口さんも「こりゃ、すぐにお礼にいかんと！」と言って、市長の秘書室に電話をして、松浦市長にお目にかかる機会を作っていただけることになりました。

「この子を走らせたかったんです！」

江口さんは松浦市長に私のことを紹介してくださいました。

翌日、私は下関で講演があったのですが、なんとそこに「美里ちゃんの応援に駆けつけた」と松浦市長の姿がありました。

松浦市長の行動力にはその後も驚かされました。後日、この防府読売マラソンが視覚障がい者マラソンの公認レースとなるのです。実はレースの公認記録が残る大会として、毎年一一月に開催されていた京都の福知山マラソンが、その年は土砂災害で中止になってしまったんです。日本盲人マラソン協会としては、年に二回は公認レースを実施したいという意向があり、防府読売マラソンに白羽の矢が立ったのです。つまり、防府での記録が、ＩＰＣ（国際パラリンピック委員会）公認記録として残ることになったわけです。

さすがに運命的なものを感じました。この願ってもないチャンスに急遽、江口さんの計らいで、國武さんが宮崎からきてくださることになりました。かねてからお願いしていた樋口さんと二人に伴走をお願いしました。あとは私が万全の状態でスタートラインに立って、結果を出すだけです。

防府読売マラソンには昨年（二〇一二年）、一般ランナーとして参加していました。

「走りやすいコース。ここはブラインドランナーも記録が出るのでは」

そんな印象を持っていました。この年、丸山さんも國武さんも転勤になって一時はどうなるかと思いましたが、防府読売マラソンをブラインドランナーとして走れる幸運が巡ってきたのです。

國武さんが宮崎へ転勤して以来、練習メニューは自分で考えていました。おかげでシーズンを通して練習計画を立てる勉強にはなりましたが、結果が出なければすべて自分に返ってきます。思うような練習がこなせないスランプ状態だったので、その不安を、國武さんと防府でいっしょに走ることが決まった時に伝えました。

「夏場しっかり走りこんどーけん、大丈夫よ。今回の目標は三時間九分五四秒。もう一度、三時間一〇分を切って自信をつけよう。今からこのメニューこなしたら行けるよ」

國武さんから大会前の練習メニューをいただき、私はそのメニューをこなすことだけに専念しました。それまで私がどういうふうに強くなってきたのか、どういうレース運びが得意なのか、それを知り尽くしている國武さんの練習メニューは、私にぴったりでした。すると、不安だった気持ちは日を重ねるたびにやわらぎ、大会当日を迎える頃には「もしかしたらいけるかもしれない」という自信まで持てるようになりました。不思議だけど、いけるって言われたらいけるんです。

防府読売マラソンにはゲストとして埼玉の公務員ランナー、川内優輝選手も参加されていました。前日のレセプションでは、川内選手の紹介と合わせて、今年から視覚障がい者が走れるようになったという説明、そして地元山口出身のランナーとして私のことを紹介していただきました。

「どれくらいのタイムを狙いますか？」

恒例の質問に川内選手は、「サブテン（二時間一〇分）目指して走ります」と宣言。

それを聞いた私は、「私もサブテン目指します！　一時間遅いですけど……」と応えました。そうは言ったものの、すでに三時間一〇分は切っていたので、自分の中ではひそかに自己ベストの更新を目標にしていました。

松浦市長から、あらためて川内選手を紹介していただいて対面すると、テンパってしまった私の口から思わず出たのは、「あっ、あの〜、足触らせてもらってもいいですか？（笑）」。

筋肉で覆われた足は、どこもかしこも固くて、ふくらはぎも大腿《だいたい》も、柔らかい部位がまったくありません。柔らかいところはないかとどさくさに紛れて、お尻までお触りしてしまいました（笑）。お尻もきゅっとひきしまっていてかっこよかったです。

こんな、痴漢行為を行っている最中、なぜか私たちの周りにたくさん人が集まり、無数のフラッシュが!!　恥ずかしい……（笑）。

前日に興奮しまくった私は、いつものように睡眠不足のままレース当日を迎えました。レースの朝はいつも納豆を食べます。そんな私の習慣を知っている樋口さんは、近所のコンビニから納豆を調達してくれました。優しさいっぱいのおいしい納豆で、元気百倍！

「さーこれで最後まで、ねばるぞー」

障がいのある私たちのために、松浦市長は日本盲人マラソン協会にいろいろアドバイスを求めて、受け入れ態勢を整えてくださったようです。会場の至るところに配慮が行き届いてました。ブラインドランナー専用の控え室や荷物を預けるところ、ミーティングルームなどをすべて同じ場所に設営してくださいました。これは目の不自由な私たちが、初めての会場をあっちこっち動くのが大変だということへの気配り。それに、スタート位置もみんなが安全に走れるよう工夫がされていて、私たちブラインドランナーのことを考え尽くした大会運営でした。そんな心配りに対して恩返しになる走りがしたいなと私は燃えました。

伴走は前半が國武さん、後半が樋口さんです。号砲とともにみんなが興奮して走り出します。最初の一キロは四分二五秒で刻みました。國武さんといっしょに走るのは八ヶ月ぶり。普通はレースの序盤、想定しているペースに誤差が出るものですが、國武さんは誤差を出すどころか、私が目指していたタイムぴったりで刻ませてくれます。

本当にすごい、見事としかいいようのないレースの入りです。

「このままいくよ〜」と言われるままに、気持ちよくレースがはじまりました。

そして、二キロくらい走ってからだったでしょうか。横浜から同じレースにエントリーされていた丸山さんが現れました。

しばらくすると、今度は大濠公園の練習でいつも声をかけてくれる「チーム楽々ラン」の、背の高い下村君も横にいました。

「三時間一〇分を切る！」と宣言して走っていたので、気づいたら同じペースで走るランナーの集団になっていたのです。この日は風が強く、集団の位置取りはとても重要でした。少しでも風を回避できる位置をキープしながら走りました。

順調にペースを刻んで走っていると、沿道からはたくさんの声援が聞こえてきます。地元の方の声援、そして遠くからでもよくわかるＯＢＲＣ応援隊（笑）。目立つ横断幕を掲げてくれて、ＯＢＲＣの仲間を知らない國武さんでも「福岡から仲間が来てくれているよー」って声をかけてくれました。

そして、三〇キロ地点で伴走を樋口さんにバトンタッチ。交代前に國武さんがコースの状況を伝えてくれます。

「一分三〇秒の貯金を作って樋口さんにつなぐから。三三キロに向かい風の上りがある、あとは追い風。ここで記録を出せたら、ほんまもん。ゴールで待っとくよ」

的確な指示で気持ちが入りました。

後半は樋口さんとの〝旅〟です。樋口さんは、ほぼ毎週練習に付き合ってくれていました。夏場は明るくなる前に家を出て、街にも山にも川にもいろんなところへ走りに行きました。交代してからの三五キロ地点まで、正直ここが一番しんどかったですが、そんな時に「絶対いける！」という樋口さんの力強い言葉。何度も唇をかみしめて走りました。

そして三五キロを過ぎた頃だったでしょうか。さぁここからという時に、夏場に大会の試走会で出会い、何度かいっしょに走ってくださった消防士の阿部さんの声が聞こえました。阿部さんは、いつも三時間前後で走られているランナー。

「ついていけば、三時間一〇分は切れるはず！」

残り五キロはこの背中を追いかけようと決め、必死に食らいついていきました。

しばらくすると太鼓の音。ゴールが間近です。大阪国際の時より速いペースなのに、なぜか楽でした。あちこちから聞こえてくる声にも笑顔で応えている自分がいました。

ゴール手前で「ロープ離して、ロープ！」と樋口さん。これはゴールで私が失格にならないための配慮です。

ゴールした瞬間。係員の方が「大丈夫ですか？　大丈夫ですか？」って声をかけてくれ、「大丈夫、大丈夫です」と応えたら、やはりいつものように涙があふれ出ました。

「仲間がいたから頑張れた……、本当に……、仲間が……」

樋口さんとレース後、恒例の握手を交わしながらそう繰り返していました。

結果、三時間六分三二秒で日本新記録を樹立。自己記録を三分更新しました。これは本当にみんなでつかみとった記録です。國武さん、樋口さんのサポートはもちろん、練習に付き合ってくれた皆さん、ＯＢＲＣやチーム楽々ランの仲間をはじめ、いろんな方のサポート、応援や励ましが大きな力になり結果につながりました。

後日、この時の記録は世界ランク一位として、ＩＰＣのワールドランキングにも載りました。その意味でも、私にとって記念すべき大会になり、松浦市長も大いに喜んでくださいました。

ロンドンマラソンに初挑戦

防府読売マラソンで記録を残せたことも後押しし、翌年、視覚障がい者マラソンのワールドカップ（IPCマラソンワールドカップ）を兼ねたロンドンマラソンに、招待していただけることとなりました。二〇一四年のロンドンマラソンは、女子盲人マラソンとしては初めての国際大会で、今回の結果はIPC（国際パラリンピック委員会）公認記録として残ります。そこに招待されたのですから、まさに世界挑戦の第一歩。飛び跳ねるぐらいうれしいことだったのですが、ことはそう簡単に運びませんでした。

一番の難問は費用と伴走者です。防府読売マラソンの時、九州や中国地方で視覚障がい者マラソンの公認大会が開催されるようになってほしいと思っていた理由は、遠征費の問題もありました。遠方の大会に行くには、ガイドランナーの費用も含めてものすごく出費があるんです。ましてや今回は海外。

招待選手といってもロンドンまでは実費できてくださいというオファーです。世界中に多くの視覚障がい者マラソンの選手はいるのでしょうが、渡航費などの経済面であきらめなければならない選手が多く存在しているのではないでしょうか。

ともあれ、私が一人で走るわけではないので、ロンドンまでいっしょに行ってくださる伴走者を探す必要があります。

そこで、それまでいっしょに走ってくださっていた仲間に、ロンドンマラソンの招待を受けたこと、絶対に行きたいという思いを伝えました。すると、丸山さんや樋口さんは、なんとすぐに「行けるよ」と言ってくれたのです。その返事がどれだけ頼もしかったことか！

しかし、喜んだのも束の間。世界大会でレース経験のある先輩からいただいたアドバイスによると、海外レースではなにが起きるかわからないから、フルマラソンを一人で伴走できる走力のある伴走者二人と行くのが理想だというのです。

それを受けて、江口さんが國武さんへ打診をしてくださいました。國武さんは、過去にコーチとしてロンドンへ行った経験がありコースの知識もあります。ただ、普段なら何ごともウェルカム精神で応じてくれる國武さんも、さすがにロンドンとなると、二つ返事で「いいよ」とはなりませんでした。

國武さんといっしょに走れたら心強かったのですが、ちょうどお子さんが生まれたばかりということもあり、さすがに微妙なタイミングだったようです。「誰も行けなかったら、また相談して」とのこと。すっかり弱気になってしまったのですが、このチャンスを逃すわけにはいきません。

伴走者が決まらないまま期限が迫る

刻々と伴走者の申請期限が迫ってくる中でいたたまれず、ひょっとしたら國武さんの気持ちが変わっているのではないかと思い、もう一度電話をしてみました。しかし、「う〜ん」と煮え切らない返事。それはそうです。子どもを生んだばかりの奥様をほったらかしにして、ロンドンなんて行けませんよね。

こうなったら頼れるのは江口さんしかない。そんな思いで相談を持ちかけました。

「そういえば、あいつがおる！　下関海峡マラソンで二時間四〇分台で走っとったばい」

そう言って名前を挙げてくれたのが堀内規生《ほりうちのりたか》君でした。

堀内君は東京から福岡にUターン帰省していたそうですが、東京での伴走経験があって五月からOBRCの練習会にも来てくれてました。縣さんの紹介で、一度練習で伴走してもらったこともありました。そういう意味では、知らない仲ではなかったのですが、さすがに一度しか走ったことがないので、ロンドンマラソンの伴走をお願いできるような間柄ではありませんでした。

実は数日前に、「一月に千葉での強化合宿で伴走をお願いできる人いないですかね？」と江口さんに相談して、堀内君から「行けますよ」と返事をいただいた直後でした。その数日後に「ロンドンマラソンもいっしょに行きませんか？」なんて言いづらい……。

そんな私の心配をよそに、江口さんは電話で単刀直入に堀内君に打診。

「千葉の合宿にも行ってもらうっちゃけど、お前くさ、ロンドンにも行かん？」

ストレートすぎるでしょ、江口さん（笑）。堀内君にしたら、さぞかし驚いたに違いありません。

堀内君は、その年の四月に新しい会社で働きはじめたばかりの新入社員でした。それでいきなり「ちょっとロンドンに行ってきますんで、会社休みます」「はい、どうぞ」って会社はあまりないでしょう。そんな新人は顰蹙《ひんしゅく》ものです。

「いくらなんでも、それじゃ俺、会社でまずい立場になるな」

堀内君は、行きたい思いと立場のはざまで悩んだ結果、返答まで少し時間をほしいということになりました。

そこから先の江口さんがおかしいのです。

「それもそうだ」と言ったかと思うと、「とりあえずパスポートだけは取っちゃらん。これから何かと役に立つと思うし」とアドバイスしたんです。

パスポートを取得したら、誰だって行きたくなっちゃいますよね（笑）。そのあたりを読んだ、江口さんの一言だったのでしょうか。真意は定かではありませんが、堀内君がロンドン行きに傾きはじめました。

堀内君は早速、休みをとってパスポートの申請に出かけてくれました。でも実は、この時点での申請では間に合わなかったのです。なんとか交渉し、十日ぐらい延ばしてもらいました。

一息ついたのですが、堀内君のパスポートが届いたのは、登録期限の前日というタイミング。ここまでくると悠長なことは言っていられません。江口さんによる堀内君への説得も熱を帯びていきました。

「堀内君、どうにか、行ってくれんか！」

最後はまっすぐな思いが届いたのか、堀内君も覚悟が決まったようです。

「俺、行きますよ。会社にはまだ言ってませんけど、辞めてでも行きます。そもそもこのことを理解してもらえない会社なら、俺はいたくありません」

そんなやりとりがあったそうです。

「日本代表の伴走者としてロンドンマラソンを走るなんて、そんなチャンスは滅多にないいんだからそれにチャレンジしない手はない」

どうも友人からそのようなことを言われて、行く気になったようなのです。

「日の丸を胸に伴走するのに、それを認めてくれないような会社なら、こっちから辞めますよ」

いつの間にか、堀内君はそれほどの勢いになっていました（笑）。そんな熱い思いも手伝ったのでしょう。会社の返事は、「ぜひ行って来なさい」でした。本当に感謝感謝の一幕でした。

そんなこんなで紆余曲折あった伴走者問題はなんとか解決。樋口さんと堀内君といっしょにロンドンを走ることになりました。

「チーム道下」結成！

ロンドンマラソンに挑む私たち三人に対し、江口さんが「チーム道下」と命名したチームを結成してくれました。三人がチームとして戦うという意識がどんどん強くなっていきました。

ブラインドランナーと伴走者の関係は、いっしょに何回も走って、信頼が深まり、だんだんお互いの呼吸が合ってくるもの。ところが、私と堀内君はまだお互いをよく知らない関係ということがありました。

そこで堀内君自身、チームの中で自分が何をするべきか、ということを積極的に考えてくれて、「まずは、みっちゃんがどういう目的でどんな練習をしているのか知らないといけない」と、普段の練習をチームで共有できるようなシステムを作ってくれました。堀内君は、日体大卒という経歴でスポーツトレーナーを目指していたこともあるので知識が豊富。社会人ラグビーや東大ラグビー部のトレーナーの経験もありました。

日々の練習を仲間で共有する。それは、私がずっとやりたいと思っていたことでした。

今回の練習メニューもいつものように國武さんが作ってくれました。國武さんから与えられたミッションは、「初めての海外レースで自己ベストを更新するのは難しい。まずは三時間一〇分を切ることを目指せ!」というものでした。

俄然、チームらしくなったおかげで、それぞれの意識も前向きになり、國武さんのメニューをベースに、自分たちでも少し練習の仕方を考えてメニューを肉づけしようという発想も芽生えました。しかも、ただ闇雲に走りこむというトレーニングではないのです。

堀内君は、人の身体がどういうふうにできていて、どういうトレーニングをしたら強化できるのかを詳しく知っています。その知識と実践方法を惜しみなく私たちに提供してくれました。一番の教えは、頭を使って走るということです。たとえば一キロを走るのもただ漫然とではなく、はじめの一〇〇メートルはペースを作るために走って、その後は身体をリラックスさせて走るなど、頭を切り替え脳を休める時間を作ることで、極力疲れない走り方ができるようになっていく。そんなことを意識して毎日トレーニングしていたら、それまでこなせなかったメニューもだんだんこなせるようになっていきました。そんな堀内君効果も手伝って、練習メニューが強化されていき、チームとしての一体感が生まれていきました。

もう一つ、みんなの力を合わせればこんなこともできるのか、と驚いたのがお金の問題です。チームはできてもみんなでロンドンまで行く費用はどうしようという時。そこで江口さんが提案してくれたのは、インターネットのクラウドファンディングというサービスで支援者を募るというものでした。夢があってもそれをかなえるための費用がない。そういう人たちを後押ししようという会社が、準備資金を集めるための方法として、インターネットを利用しているサービスです。

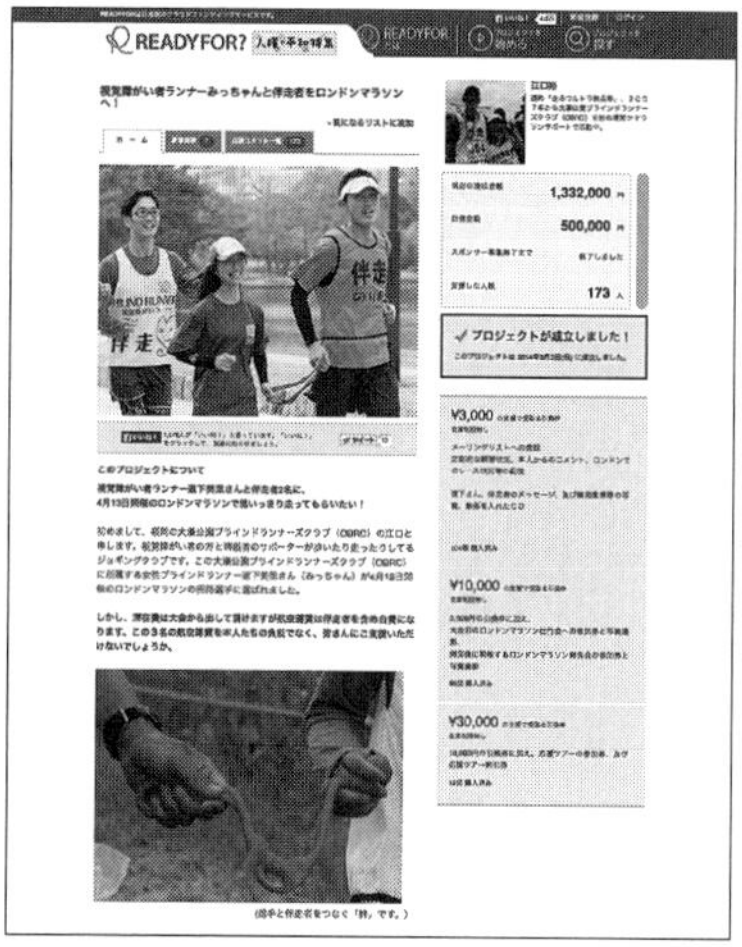

「視覚障がい者ランナーみっちゃんと伴走者をロンドンマラソンへ！　世界記録に挑戦しているみっちゃんを応援しよう！」

そのような文言を書いたサイトを江

口さんが立ち上げアピール。その後、仲間たちがフェイスブックなどでも呼びかけてくれました。江口さん、樋口さん、堀内君は、インターネット上でも驚くほど人気者なんです。ちょっとした写真を載せただけでも、「いいね！」がすぐに百人も集まってしまう。堀内君なんて、朝食の写真に「いいね！」が百人超え！「なんでやねん（笑）」と思っちゃいますけど、みんな顔が広いというか、周りにファンがたくさんいるんですね。そのおかげで、全国のいろいろな方たちから支援が集まり、ロンドンまで行けるめどが立ちました。さらに、日本盲人マラソン協会からも支援をいただけることになり、経済的な不安を感じることなく、大会に備えることができました。

いざロンドンマラソンへ！

ロンドンに向けて、チームの機運が高まるにつれ、私たちの仲間の輪もどんどん広がっていきました。驚いたのは、オーダーメイドのランニングシューズを仲間のつながりで作っていただけることになったことです。

私は足のサイズが小さくて、二二センチと二二・五センチです。しかし、市販のシューズはたいてい二二・五センチが一番小さいサイズです。そのため、ずっと大きめのシューズで走っていたのですが、それを知った樋口さんが知り合いのスポーツ用品メーカーの方を紹介してくださいました。するとその方は、「以前、増野明美さんも、同じように困っていたことがあったんだよね。どうにかならないかな?」と相談に乗ってくださり、私の足にぴったりあったランニングシューズを特注で作ってくださることになったのです。

もちろん、履き心地は最高。走るのに、シューズの良し悪しがこれほど影響するんだということを実感させられました。

もう一つのご褒美がチームウェアです。これは樋口さんの職場で働く元デザイナーの深江さんがデザインしてくれたものです。

「せっかくロンドンまで行くんだからお揃いのウェアを作ろう!」

そう言って、私の好きなピンク色を入れたウェアを作ってくれました。元デザイナーというだけに出来栄えもすばらしく、着心地も最高です。

さらには、防府の松浦市長の声がけでいろんな方からも支援いただき、福岡では壮行会まで開いていただけました。

そんな皆さんの支援を受けて、いざロンドンへ。日本との時差は八時間、羽田空港からロンドンのヒースロー空港までは一二時間のフライトでした。数日前から現地時間に合わせて少しずつ睡眠時間をずらしていたため、機内で大爆睡、の予定でしたがなかなか熟睡できませんでした。堀内君が乾燥する機内で喉をやられないようにとアメをくれます。喉も心も癒やされ、少し寝ることができました。

これまで国際大会がなかっただけに、他国の選手の情報はそれほど多くはありませんでした。マークすべき選手としては、スペインのロドリゲス選手の名前が挙がっていて、前年度のタイムは三時間一七分だったという情報がありました。

また初の海外レースということで、伴走者の二人が日本と違うところを徹底的に調べてくれました。

一つ目に、日本と大きく違う点は距離の表記です。キロ表記は五キロごとしかなく、基本的にはマイル表記が使われています。頭を使うマイル計算は賢い二人に任せました（笑）。

二つ目に、海外のレースで気をつけたいのが給水。ガス抜きとガス入りの水が、主催者側から供給されるゼネラルドリンクとして用意されていますが、日本と違いロンドンは硬水です。軟水に慣れている私たちは、お腹を壊してはいけないと、すべてスペシャルドリンクで対応すると決めました。

そして三つ目は英語です。スタートラインに立つまでの大会側からの指示はすべて英語。最低限、競技に必要な会話ができる能力が必要になります。二人はそんな海外レースでの不安を取り除くべく、念入りな準備を重ねてくれました。

いつも練習の時は本番と思って、本番の時は練習と思って走ることを心がけています。そんな私は今回、練習の時にもわがままをいっぱい言いました。

「ロンドンの街を走っているかのように情景を伝えてほしい。走ることに集中したいから指示は短く端的に。走っている時はイエス、ノーで答えられる指示を出してほしい……」

今まではつい遠慮して言えなかったことも、本気で勝負したいという思いからなんでも伝えました。それを樋口さんと堀内君は、広い心で受け止めてくれました。

世界の舞台の喜びと難しさ

緊張の高まる大会前夜、江口さん率いる応援団が私たちの宿泊しているホテルまできてくれました。ランナー仲間の中には母の姿もあります。

それだけでも十分うれしいのですが、ロンドンまで来られなかった仲間からのサプライズ動画メッセージのおまけ付き。みんなの声を聞いた瞬間、涙があふれ出てきました。涙はドーピングにひっかからない興奮剤。涙を流しながら、「うん、うん」とうなずきメッセージを聞きました。そして下関の仲間からは、メッセージ入り横断幕が！　みんなのサプライズでおもいっきり泣いたおかげか、その日は久しぶりに熟睡できました。

レース当日はいつも通りスタート四時間前にご飯を食べます。この日は日本から持ち込んだ昆布入り納豆と、樋口さんと堀内君が早起きして準備してくれたあったかいご飯と味噌汁です。幸せを噛みしめながらしっかりエネルギーを蓄え、ホテルを後にしました。

堀内君の指導でストレッチを行っていたおかげで、移動の疲れもまったく感じるこ

となく。スタートが待ち遠しいくらい足が動いてました。

　ロンドンマラソンでまず感激したのはスタートです。障がい者が健常者の前にスタートする、つまり、大会のスタートを障がい者が飾ることになるのです。カウントダウンがはじまりスタートすると、観客の大歓声を浴びながら車いすのランナーや義足のランナーが飛び出します。私も、まさにトップランナーになったという気分を存分に味わえました。

「私は招待されてこのロンドンの街を走っているんだ！」

　レース中、なんともいえない感慨が押し寄せてきました。

前半の伴走者は堀内君です。私は走りはじめるまでまったく緊張していなかったのに、スタートして「私、今ロンドンを走っているんだ」と思ったら、少し胸が高鳴りはじめました。やばいやばい、慌てて呼吸を整えペースを安定させることに集中します。

スタート直後飛び出したのは、スペインのロドリゲス選手。一キロ三分台のハイペースです。これについていこうとしたらつぶれると判断しついていかないと決めました。相手は年齢的に上の選手なので、ペースを守り、あわよくば後半で抜こうという戦略を立てていました。

しかし、ロンドンの街は私を興奮させます。日本のレースでは受けたことがないほど、途絶えることのない大声援。サッカーの試合でよく耳にするような笛の音が「ビーッ」と鳴り響いたり、マイクでのレース実況や音楽も半端ない音量です。

その音に伴走者の声がかき消されて、指示が聞こえない場面も何度かありました。堀内君が手でスピーカーを作って「右、右」などと言ってもその声が聞こえないんです。これは伴走者泣かせの想定外の声援でした。

そして、日本では考えられないような路面の凸凹がたくさんありました。車のスピードを抑えるためのものだという話でしたが、二〇メートルぐらいの間隔で大きな凸凹がいたるところにあるんです。

さらに、事前のコース説明で台形型の坂があるとは聞いていたのですが、もっと小さいスケールを想像していました。それが走ってみたら、思ったよりずっともっこりとした大きなものでした。しかも、けっこう角度があるので足を高く上げないと、つまづきそうで怖い。それで足を上げ過ぎて、疲れたところもありました。

前半は完璧なペースメイクを堀内君にしてもらい、後半の樋口さんへと引き継ぎます。樋口さんは、インターネットの動画でコースの様子を念入りに下調べしてくれていて、「何を過ぎたら何キロ地点に何が見えてくる」といった具合で、全コースを事細かに頭に叩き込んでレースに臨んでくれていました。これには驚かされました。なにしろ、樋口さんにとってもロンドンは初めての地だったのですから。

それに私は、コースの情景がわからないからそれを伝えてほしいとリクエストしていました。

ロンドンマラソンのコースは、ロンドン塔やテムズ河、ビッグベン、バッキンガム宮殿などロンドンの観光名所をまわるようなものです。

「ロンドンブリッジが見えてきた。しばらくのぼるよ。ビックベン見えてきたからもうすぐカーブ」

日本で練習する時、ロンドンのコースをイメージした練習をしていましたから、まるで見えているかのように街が私の脳裏に浮かびます。

しかし、ここまで樋口さんがシミュレーションするのに、どれほどの膨大な時間を費やしてくれたのか。

ただ、後半は正直苦しかった。後半のコースでは、カーブ直後に平坦になる路面があって、足がとられ転倒しそうになった場面もありました。カーブ直後だったから曲がることに精一杯ですし、かなり急な下りだったので、体が飛ばされないように足を上げずに走っていて、つまずいてしまったのです。一瞬、身体が宙に浮いて、周りで見ている人たちの悲鳴が聞こえました。転倒はなんとかまぬがれて着地できましたが、硬い路面で足が疲れてきたのか、ペースがだんだん落ちてきて、左右のブレも多くなりました。

でもそんな時でも、樋口さんは気持ちを奮い立たせるように、「ペースキープ！大濠公園あと二周！」といつもの練習を彷彿とさせるような指示を出してくれます。

本当にこの二人とロンドンを走ることができる幸せを実感していました。

沿道には福岡から応援に来てくれた仲間が、要所、要所で声援を送ってくれました。もちろん、私にはどこに誰がいるかわかりませんから、それも樋口さんがしっかり伝えてくれます。みんな私たちのためにロンドンまで応援に来てくれている。うれしさ百倍。後半疲れてきたところで、仲間の応援ほどパワーになるものはありません。

「観覧車が見えてきた！　ゴール近いよ！　後ろ来てない！」

樋口さんの指示を聞いてからは、気持ちが楽になって楽しく走りました。ゴール手前、高橋尚子さんを意識してサングラスを外してみました。しかし、投げ捨てるのはもったいない（笑）。それを樋口さんに手渡し、そしてフィニッシュ！

堀内君がゴールで日の丸の横断幕を持って待ってくれていた姿が見えた時は、こらえていた涙がドッとあふれてきました。大の大人が三人で「ありがとう！」と抱き合って号泣です。今、思い出しただけでも涙が出てきそうなくらい、感動の瞬間でした。

結果としては視覚障がい者部門で二位。銀メダルを獲得しました。

タイムは三時間九分四〇秒。國武さんが設定した三時間一〇分はなんとかクリアしました。

目標にしていた金メダルに届かなかった悔しさは残りましたが、初めての世界の舞台でもらった銀メダルです。その重みはやはり格別でした。

一位に輝いたのは、スペインのロドリゲス選手。タイムは二時間五九分二二秒でした。表彰式の前、ロドリゲス選手の横に並んだ時に声をかけて身体を触らせてもらいました（笑）。驚くほど引き締まった腹筋。世界レベルで活躍するには、まだまだ足りないものがあると思わされました。

仲間の輪が広がってゆく

こうして、私の夢と仲間の期待を背負って走った初めての海外レースが幕を閉じました。

私はロンドンの街を終始笑顔で走っていました。練習で苦しかったことなんてすべて忘れてしまうくらい楽しいレースでした。

そしてこの五日間で一番うれしかったのは、みんなが「ロンドンに連れてきてくれてありがとう！」なんて言葉をかけてくれたこと。「ロンドンまで来てくれてありがとう！」を伝えたいのはこちらなのに……。

家族や周囲の皆さんにご理解いただき、世界へ挑戦できる幸せ。その喜びをかみしめながら、ロンドンを後にしました。

悔しさも残るレースでしたが、この年のロンドンマラソンはいろんな意味で次につながるレースとなりました。三時間を切らなければ、世界では通用しないということも痛感しましたし、レース中に自分のペースを乱し、中盤で急激なペースアップした後、その反動でペースダウンしてしまったのは、マラソンランナーとして未熟の表れです。

今まで以上に質の高い練習をしたい。ロンドンを経て、みんなの思いがさらに結集していきました。

平日にもスピード練習ができるようにと、堀内君の計らいで市民ランナーの集う練習会にも参加させてもらえるようになりました。そこで出会った仲間が、平日の練習を穴埋めしてくれるようになったり、元ハードル選手として活躍された糸山貴美子さんの計らいで、体幹トレーニングにも定期的に通わせていただくようにもなりました。

また、樋口さんの紹介で、元九電工陸上競技部のキャプテンをされていた奥永美香さんが、練習メニューのアドバイスをくださるようになりました。さらには、走ったあとに専門的な身体のケアも取り入れるようにもなりました。

そんなプロフェッショナルな仲間と出会うたびに、自分の意識もどんどん変わっていきました。

出会いを運んでくれた仲間はたくさんいますが、中でも江口さん、樋口さん、堀内君は、私たちブラインドランナーが走りやすい環境作りに惜しみなく熱を注いでくれました。

「世界一のチームを作るんだ！」

そんな思いがみんなの心の中に芽吹いていきました。

それぞれ熱い思いを持った仲間が、私たちのために自分ができることはなんだろうと考え、自然と力を貸してくれていました。本気の思いが仲間を引き寄せてくれたのでしょう。質のいい練習が定期的にこなせるようになり、年間を通して、毎月最低四〇〇キロを走り込むことができました。

また、堀内君は、「音の世界で走る」私の気持ちに近づくためにと、私が走っている足音を録音して、身体に刻まれるまで聴き続けてくれました。さらに、私がレースで走りたいペースを体得できるように、一キロを四分一五秒のペースで四〇〇メートルのトラックを五〇周なんて練習もしてくれました。

「みっちゃんならできる！」

そうして迎えたのが、二〇一四年十二月の防府読売マラソンです。

私にとっては、前年、視覚障がい者ランナーの受け入れを積極的に行ってくださった思い入れのある大会。市長の計らいで、視覚障がい者の部の表彰式まで行われます。伴走者はロンドンマラソンと同じチーム道下、樋口さんと堀内君です。

昨年同様、前夜のレセプション会場で、恒例の目標を語らせてもらい、サブスリー宣言をしました。サブスリーとは、フルマラソンで三時間を切るタイムで走ることです。自らにプレッシャーを課して、一年の集大成となるこの大会で結果を出したいと思いました。

レース前、三人がともに頭に思い描いていたのは、一キロを四分一五秒で刻むことでした。四分一五秒で刻めば、フルマラソンに換算すると二時間五九分二十秒で走れます。当時のＩＰＣ世界ランキング一位、スペインのロドリゲス選手の記録が二時間五九分二二秒ですから、一キロを四分一五秒でゴールまで刻めば、彼女の記録を二秒上回ることができるのです。

ここで記録を出せば、ＩＰＣ公認記録として、ワールドランキングにも反映されます。

奇しくも、二〇二〇年に東京オリンピック・パラリンピックが開催されると決まったばかり。今のところ視覚障がい者の女子マラソンは、まだ正式種目ではありませんが、リオデジャネイロパラリンピックでは正式種目の候補として上がっています。なので、レースで記録を狙い世界が注目する走りを見せ、レベルの高さをアピールすることで正式種目の後押しになればという思いで燃えていました。

いよいよ本番当日。最高気温は七度。朝七時半に自分の体で風を感じに外に出ました。冷気が全身を包みますが、思ったほどの寒さではなく、心配していた風もまったくありませんでした。

レース四時間前の朝食は、ご飯にお味噌汁。そして栄養士の友だちおすすめの甘味料を加えたきなこもちといった海外レースを意識した食事にしました。そして、「金メダル」を意識して、金のパッケージに入った福砂屋のカステラも補給しました。

今回は今まで以上に、走るための道具にもこだわりました。この日のためにとアシックスの方が特注で作ってくださったランニングシューズ。そして仲間がデザインしてくれたチームユニフォーム。これは、私のテンションが上がるようにとピンク色が入っています。

さらにまぶしい光が苦手な私の集中力を高めるために帽子とサングラスは欠かせません。レースぎりぎりまで悩んでいたのは、アームウォーマーでした。アップしながら体感温度を確認すると、朝は無風だったのが、走る頃には風が出てきました。防府は時間とともに風が変わります。レース中、風をうけて体温が奪われることがないようにと、腕全体を覆うタイプのアームウォーマーを選びました。

お腹が冷えないようにと、母が用意してくれたお守りも前夜ユニフォームに縫い付けていたので、さあこれで寒さ対策はばっちりです！

「今日の日のために、やれるだけのことはした」

樋口さん、堀内君も同じ思いで防府の朝を向かえたことでしょう。アップの最中は、私たちチームの監督になってくださった奥永美香さんがそばにいてくれました。意気込んでいるスタート前の私に、奥永さんが心ほぐれる一言。

「あと、四二・一九五キロを走るだけですね。ゴールしたら大好きな唐揚げも我慢しないでいい」

奥永さんも私も唐揚げが大好物なんです。

「そうだ、あと四二・一九五キロ走るだけ。レース終わったら、ご褒美が待っている!」

奥永さんの言葉に、肩の力がふっと抜けてスタートラインへ向かうことができました。

レース開始の号砲とともに前半の堀内君はペースをうまく刻めるように、スタート直後の混み合った道をリードしてくれます。人ごみの中で道を作るのは伴走者の力量が問われるところ。そこを難なくクリアし、設定の四分一五秒にうまく乗れるようコースを取り、足音のリズムを刻むことだけに専念できるようにしてくれました。

追い風になったり、向かい風になったり、ペースキープは難しい場面もありましたが、新しく取り入れたトレーニングが功を奏してか、その日の私は絶好調。身体も軽く、設定通り一、二秒の誤差で、快調にペースを刻ませてもらいました。

前半ハーフの通過タイムは、一時間二九分五五秒。ほぼ設定通りのペースです。

「堀内君すごい！」こんなタイムでハーフを走れたことはありませんでした。

「軽い、動いてる」堀内君とそんな会話を交わしながら、三〇キロまで行きました。

さあ、三〇キロからは樋口さんが伴走です。

「このまま刻みます」私がそう言うと、樋口さんは「任せて」と言って、ペースが変わらないよう、私のリズムに合わせて走ってくれます。

「設定より一〇秒速い」

後半の伴走は、レースの展開に応じて、正確な指示出しが必要になります。また、ペースが落ちてくるランナーや、足がやられて歩いているランナーもコースにはいますから、ジグザグに走路をとらないといけない場面も多くあります。それでペースが落ちても、そのあと戻してという感じで、およそ同じペースをキープさせてくれました。

行き交うランナーさんは自分もきついはずなのに、「みっちゃん頑張れ！」「サブスリーいこう。あきらめんな！」とエールを送ってくれます。そして、奥永さんも三〇キロ過ぎの折り返し地点から、応援しながら沿道をいっしょに走ってくれました。

「みっちゃん、いいペース、いいペース！　今まで、苦しい思いをいっぱいしたんだから、絶対いける。いけるからね！」

どんな時も、「みっちゃんならできる！」と信じ、応援してくれる仲間がいっぱいいる。信じてくれる仲間の気持ちに応えたい。応援の言葉に胸が熱くなるのを感じました。しかし、快調だったペースが、三五キロ付近で落ちはじめました。

「半歩、上げよう！」

樋口さんの声が私の耳に響きます。いっしょに流した汗と涙。ロープを通して二人で紡いできた熱い思いが伝わってきました。

世界記録でゴールしてみんなと喜びをわかち合いたい――。

競技場に入ったときは、世界記録とほぼ同タイムでした。

普段冷静な樋口さんがここで声を荒立てました。

「これ以上落としたらダメだ。ピッチあげて！」

「三〇メートル。一〇メートル。いけるぞ！」

必死に樋口さんは叫び続けました。

「ロープ離して！　まっすぐ！」

ゴールで待つ堀内君の胸に私は飛び込みました。

一瞬の沈黙……。

「やった、みっちゃんやったよ！　一秒更新！」

渾身の力を振り絞り、ゴールを迎えた瞬間。いつものように大粒の涙が頬を伝ってこぼれ落ちました。非公認ながら世界記録を一秒上回る二時間五九分二一秒でのゴール。歓喜に沸いて、その場にいたランナーさんみんなと握手し喜びをわかち合い、万歳三唱までしてしまいました。

「やったね、やったね、みんなの力はすごい!」

こうして、三時間の壁を初めて破ったレースは幕を閉じました。

防府読売マラソンは、まさに「チーム力」で戦ったレースでした。

二〇一四年のロンドンマラソンに参加する前あたりから、仲間の輪が広がってゆくことでさまざまな恩恵を受けました。シューズもそう、ウェアもそう、渡航費もそう、見えないところで私のことをサポートしてくださる多くの方々の存在を感じながら、私は今、チームスポーツとしてマラソンに臨んでいます。自分が本気になって目標を立てて頑張っていると、一生懸命になってくれる本気の仲間に出会える。

マラソンに出合ったことで、私は目標をもって人生を歩む楽しさを知りました。まさに走ることで人生が変わっていったのです。もちろん、それは私が一人でなしえたことではなく、いろいろな人たちの応援とさまざまなアドバイスをいただいたからこそ実現できたことです。

何よりの幸せは、仲間とともに目標に向かって挑戦できること。もっともっと成長していきたい、素直にそう思えるようになりました。出会った人みんなに「ありがとう」を伝えたい。

この感謝の気持ちを走ることで表そう。みんなに喜んでもらいたい。それが今の私の走る原動力になっています。

補章　チーム道下で臨んだ二回目のロンドンマラソン

二〇一五年四月二六日。ＩＰＣマラソン世界選手権として開催されたロンドンマラソンに日本代表として再び走るチャンスをいただきました。今回は、ブラインドランナーや車いすランナー、コーチや伴走者、医療スタッフやトレーナーなど、日本選手団として総勢三十二人で現地入りしました。

当日は気温十度以下。パラパラと小雨の降る強風の中でしたが、現地での調整もうまくいき、快調にスタートを切ることができました。序盤は足が軽く、五キロ満たな

いうちにペースにもはまり、集中して楽にペースを刻んでいました。現地に入ってコースの下見をしてくれた堀内君のガイドは誰よりも冷静で的確な指示。ずーっとアップダウンが続く前半ですが足元の恐怖心を感じることなくリラックスしてハーフまで刻みました。

後半は樋口さんの伴走です。交代直後に教えてもらったトップとの差は約二分。前半型のロシアの選手なので、私がいつも通りの走りをすれば、四〇キロ過ぎで追いつけると確信していました。

交代直後、前年にはふっとばされそうになったカーブも、樋口さんとの下見のおかげで難なくクリア。車のスピード止

めの凸凹もまるで見えているかのように足へのダメージも少なくクリア。

「いつロングスパートを仕掛けようか?」

そう考えながら走っていたほどでした。

しかしロンドンは、そう簡単には勝たせてくれませんでした。二六キロ付近だったでしょうか。アスファルトが割れてまっすぐに走れない不安定な凸凹道がありました。ここで上半身がブレてしまったせいで、足に負担がかかり徐々にペースダウン。路面が安定してからピッチを戻そうと頑張りましたが、ピッチが戻ってきたのが三十七キロ過ぎ。前のランナーをとらえることができずに結果は三位。三時間三分二六秒でのフィニッシュとなりました。

日の丸を胸に世界で勝つには、序盤からトップに食らいついていけるスピードと、どんな路面でも不安を感じない強靭な肉体とメンタル、さらには脂肪を燃やせる体作りが必要だと感じました。

とはいうものの、今回の大会はリオデジャネイロパラリンピックの選考レースにもなっており、三位に入ったことで、パラリンピックで女子盲人マラソンが正式種目になれば、日本代表として推薦していただけるとの内定をいただきました。

パラリンピック出場——。

中距離走をしていた二〇〇六年、夢に思い描いたパラリンピックの舞台が今、目前に迫っているのです。一〇年越しの夢が叶うかもしれない。いつチャンスが舞い込んでくるかわかりません。来たるべき日に備えてチームの仲間と切磋琢磨しながら今の課題を一つずつ克服し、さらなる高みを目指し進化を続けていきたいと思います。

「チーム道下、金メダル！」

その瞬間を夢見て。

さあ、今日も伴走者と多くの応援に感謝しながら、走りにいってきまーす。

あとがき

最後までお読みいただきありがとうございます。

私は本を通じて何が伝えたいんだろう。この本の依頼をいただいてから、正直悩み続けていました。

まっ先に浮かんでいたのは仲間の存在でした。私が今、夢をもって前に進めるのは、いっしょに走ってくれる仲間、支えてくれる仲間、応援してくれる仲間がいるから。

それに、家族やクラスメイト、恩師など、私のこれまでを振り返れば、〝人生の伴走者〟というべき多くの仲間がそこにいました。

仲間の存在があるから、マイノリティである私が生きる意味、社会における役割を見出せたのだと思います。そんな仲間に出会えたからこそ、「こんなに素敵な仲間がいます!」ということを皆さんに知ってもらいたい。そんな気持ちから本を書き進めることを決めました。

また、障がいがある私たちは、社会から誤解を受けることも多く、たった一つの言葉で傷つくこともあれば、たった一つの言葉で救われることもあります。だからこそ、この本を通じて、私たちのことを一人でも多くの人に理解してもらえるといいな、傷つく人が少なくなればいいな、笑顔になる人が増えたらいいな、そんな思いもありました。

今年のロンドンマラソンの後、私は母にこんな言葉を伝えました。

「お母さん、目の不自由な娘に産んでくれてありがとう」

それは以前の私からは想像もできないような言葉でした。いら立ちから母に心ない言葉を投げつけたこともあります。その時の悲しそうな母の表情は、まぶたの裏に焼きついています。

しかし今、目が不自由でよかった、だからこそ与えられた役割がある、遠回りの人生も選ばれたもの、そう素直に思える自分がいます。

素直な思いを言葉にして伝えた時、見えない私の目に、母の笑顔が見えました。

人にはそれぞれ役割があります。その役割が生きがいとなり、笑顔のエネルギー源になるのです。私にとってそれは走ることでした。

「あなたは選ばれた人だよ」

入院中に出会ったおじちゃんの一言。まさか本当にそんなことを思える日が来るなんて。

私はちょっとしたきっかけでその〝役割〟に気づけました。しかし、昔の私のように社会で孤立している仲間がいるという現実もあります。

皆さんのまわりにも、一人で歩くことはできても、一人で走れない人たちがいるかもしれません。その勇気ある一歩をサポートするために、私たち体の不自由な仲間が困っていたら、優しい言葉をかけてもらえるとうれしいです。

「いっしょに走ろう」

この言葉が積み重なった時、私の人生は劇的に変わったから。

本書制作にあたり、ご尽力いただいた出版社のYさんはじめ、ご協力いただいたすべての皆さんに、心から感謝申し上げたいと思います。

二〇一五年五月
寝ぼけまなこで原稿を終えた太宰府の自宅にて　道下美里

2007年

ブラジル開催のIBSA世界選手権1500m走にて5位入賞

2008年

九州パラリンピック1500m走にて敗退

初開催の下関海響マラソン一般女子に出場（3時間38分36秒）

※フルマラソンに初挑戦

2009年

国際盲人マラソンかすみがうら大会にて優勝（3時間26分44秒）※フルマラソン初優勝

結婚を機に福岡県太宰府市に転居

2010年

大濠公園ブラインドランナーズクラブ（OBRC）に入会

下関海響マラソンに出場（3時間19分42秒）

2012年

山口100萩往還マラニック大会70キロ完踏（8時間31分）

阿蘇カルデラスーパーマラソン100キロ完踏（12時間23分）

下関海響マラソンに出場（3時間14分54秒）

2013年

日本盲人マラソン協会の強化指定選手に選出

大阪国際女子マラソンに出場（3時間9分55秒）

防府読売マラソンに出場（3時間6分32秒）※日本記録

IPC（国際パラリンピック委員会）発表の世界ランク1位

2014年

IPCマラソンワールドカップ（ロンドンマラソン）にて2位（3時間9分40秒）

防府読売マラソン大会に出場（2時間59分21秒）※日本記録を更新

2015年

IPCマラソン世界選手権（ロンドンマラソン）にて3位（3時間3分26秒）

道下美里の歩みと主な大会記録

1977年
1月19日、山口県下関市に生まれる。旧姓は中野

1989年
下関市立名陵中学校入学（92年卒業）
中学2年時、原因不明の難病で右目の視力を失う

1992年
山口県立下関第一高等学校入学（95年卒業）

1995年
福岡工業短期大学OA情報システム学科入学（97年卒業）

2000年
レストランで働きながら調理師免許を取得

2002年
原因不明の難病により左目が発症
血液検査で病名が「膠様滴状角膜ジストロフィ」と判明

2003年
山口県立盲学校（現在の山口県立下関南総合支援学校）に入学（06年卒業）

2004年
中国四国地区弁論大会にて優勝　タイトル「自分と向き合って」
山口県障害者スポーツ大会（キラリンピック）にて60m走、800m走優勝
第4回全国障害者スポーツ大会にて60m走、800m走優勝　※大会新記録

2005年
ジャパンパラリンピックをマイコプラズマ肺炎で欠場
山口障害者陸上競技クラブStepに入会

2006年
鍼灸マッサージ師国家資格を取得
実家の中野書店が倒産
ジャパンパラリンピック視覚障がいT12部門800m走優勝（2分29秒70）、同1500m走優勝（5分12秒73）※日本記録
エスカレーター事故にあう

道下美里　みちした・みさと

視覚障がい者マラソンランナー。1977年山口県下関市生まれ、福岡県太宰府市在住。膠様滴状角膜ジストロフィーを発症し、調理師として在職中の25歳の時、視力が0.01以下になる。その後、山口県立盲学校（現在の山口県立下関南総合支援学校）に入学。在学中に陸上の才能が開花し、2006年のジャパンパラリンピック視覚障がいT12部門の800m走と1500m走で日本記録を樹立。08年の第1回下関海響マラソンを皮切りに、フルマラソンに転身後、大濠公園ブラインドランナーズクラブに所属。13年のIPCマラソンワールドカップ（ロンドンマラソン）では銀メダルを獲得。同年の防府読売マラソンでは3時間を切る2時間59分21秒を記録。14年のIPCマラソン世界選手権（ロンドンマラソン）では銅メダルを獲得。16年開催のリオデジャネイロパラリンピックにて女子視覚障がい者マラソンが正式種目になれば日本代表として内定する。

写真協力：百田達哉、安田祐司、江口裕、樋口敬洋（敬称略）

いっしょに走ろう

2015年6月10日　初版第1刷発行

著者 ――――――――道下美里
発行者 ―――――――相澤正夫
発行所 ―――――――芸術新聞社
〒101-0051
東京都千代田区神田神保町2-2-34 千代田三信ビル
TEL　03-3263-1637
FAX　03-3263-1659
URL　http://www.gei-shin.co.jp

印刷・製本 ―――――シナノ印刷
デザイン ――――――美柑和俊+中田薫（MIKAN-DESIGN）
カバー写真 ―――――川本聖哉
取材協力 ――――――有限会社インパクト

ISBN 978-4-87586-434-9 C0075